LA CHINE
SOUS CONTRÔLE

Du même auteur

Dans la tête de Xi Jinping
Solin/Actes Sud, 2017

FRANÇOIS BOUGON

LA CHINE SOUS CONTRÔLE

Tiananmen 1989-2019

ÉDITIONS DU SEUIL
57, rue Gaston-Tessier, Paris XIXe

Ce livre est édité par Anne Sastourné.

ISBN 978-2-02-139867-0

www.seuil.com

Première partie

L'ouverture dans les tenailles du pouvoir

Chapitre 1

Un cliché

Trente ans nous séparent de la tragédie de juin 1989. Et nous en sommes restés à cette image saisissante de l'homme en chemise blanche qui se dresse face à une colonne de chars sur l'avenue centrale de Pékin, Chang'an. Elle illustre le chapitre consacré au mouvement démocratique dans les livres d'histoire. Elle en est venue à résumer, aux yeux des Occidentaux, cet événement historique. Pour nous, la répression est contenue dans cet affrontement, le face-à-face d'un individu et de la force militaire.

Ce cliché qui a fait le tour du monde présente pourtant des variations. La scène a été immortalisée en réalité par quatre photographes, qui, tous, avaient pris leurs quartiers à l'Hôtel de Pékin. L'établissement possède des balcons qui surplombent l'avenue d'où l'on peut apercevoir au loin la place Tiananmen. Et c'est depuis l'une de ces ouvertures qu'a travaillé l'auteur de la photo la plus connue, l'Américain Jeff

Widener, journaliste de l'agence Associated Press (AP). En 2014, pour le vingt-cinquième anniversaire de la répression, interrogé par le *Wall Street Journal*, il évoque encore ses frissons :

> Lorsque je la regarde, ce que je vois, c'est à quel point j'ai failli la rater. [...] Quand vous prenez une photo avec un 800 mm à 1/30 de seconde, c'est normalement impossible à cette distance avec une telle focale [en raison de la probabilité importante de flou de bougé]. C'était un miracle que cette photo soit sortie [1].

Répondant aussi à l'Agence France-Presse, il trouve préférable qu'on ne connaisse pas l'identité de l'homme qu'il imagine comme un « frère siamois », un alter ego : « C'est un peu comme le soldat inconnu. Il nous rappellera toujours l'importance de la liberté, de la démocratie et de notre droit à la dignité. » C'est au prix de cet anonymat que la photo prend en effet sa valeur universelle.

D'autres photographes se trouvent à l'Hôtel de Pékin, comme Stuart Franklin, de l'agence Magnum. Lui voit, à travers son objectif, ressurgir les ombres de la guerre froide en Europe centrale : « Lorsque j'ai

1. China Real Time Report, *Wall Street Journal*, « Forgotten Negatives From the "Tank Man" Photographer ».

photographié le char, j'ai eu des souvenirs très clairs du printemps de Prague en 1968, lorsque les citoyens ont affronté les chars russes. »

> L'atmosphère à l'hôtel est vite devenue chaotique, à mesure que les gens s'inquiétaient de la publication de leurs papiers concernant la tragédie qui se déroulait. Les autorités confisquaient les images, mais j'ai mis mon film dans une boîte de thé et je l'ai donné à un étudiant français qui retournait à Paris [1].

Charlie Cole, qui travaille pour le magazine *Newsweek*, cache, lui, sa pellicule dans le réservoir des toilettes. Juste à temps. Les agents de la sécurité publique, dont l'immeuble est situé en face de l'Hôtel de Pékin, sont sur le qui-vive. Un quart d'heure plus tard, ils font irruption dans sa chambre…

Quant à Arthur Tsang, employé par l'agence britannique Reuters, il a lui aussi le cliché en boîte, mais sa photo n'a pas été mise en avant sur le fil destiné aux abonnés. C'est l'image de Jeff Widener, prise pour l'AP, qui se retrouve, dans les jours qui suivent, à la une des quotidiens du monde entier. Et c'est elle qui devient une icône.

1. L'histoire de ces photos a été racontée par Adrien Gombeaud dans *L'Homme de la place Tiananmen*, publiée au Seuil en 2009, pour les vingt ans de la répression.

Les quatre photographes se trouvent en surplomb. Il aura fallu du temps, vingt ans, pour s'apercevoir que quelqu'un a photographié la scène d'en bas. Ce n'est qu'en 2009 que le site du *New York Times* a publié un cliché inédit de Terril Jones, de l'agence AP, pris au niveau du sol. Le reporter, qui a tardivement ressorti cette image de ses archives, en était mécontent et l'a écartée : « Je me suis dit, à l'époque, que le monde avait déjà eu la meilleure vue de cet événement. J'ai rangé les photos et les ai emportées tout au long de mes déménagements[1]. » La séquence s'enrichit d'un nouvel angle, plus saisissant encore. On y voit sur le trottoir des passants terrifiés, s'enfuyant en courant, rendant bien compte de l'atmosphère d'extrême tension. Mais l'énigme de la scène n'est pas pour autant levée : que s'est-il passé dans les minutes qui ont suivi ?

Une vidéo de l'équipe de CNN, diffusée quelques jours après les faits, montre que l'homme à la chemise blanche, qui a empêché à plusieurs reprises la progression du char de tête, est monté sur la tourelle pour dialoguer avec le conducteur. Redescendu, il est entraîné sur le côté par un groupe d'hommes en civil. Étudiants ? Policiers ? Simples passants ?

1. Patrick Witty, « Behind the Scenes: A New Angle on History », témoignage publié sur le blog photo du *New York Times* « Lens » le 4 juin 2009.

Six points de vue. Il est difficile, à l'époque des selfies et des smartphones, de s'imaginer que seule une poignée d'êtres humains ont enregistré ce moment d'histoire. Nous entrions à peine dans l'ère de l'information en continu. Six regards donc et un inconnu qui a fait l'objet de toutes les attentions occidentales, qui est devenu un symbole sans que personne ne connaisse son destin : il est resté comme « l'homme au char ». Depuis trente ans, et malgré de nombreuses enquêtes journalistiques, le mystère n'est pas résolu[1].

Un an après la répression, en mai 1990, la journaliste américaine Barbara Walters interroge Jiang Zemin, pour la chaîne ABC. Cet apparatchik est devenu secrétaire général du Parti communiste à la faveur des événements de Tiananmen, en remplacement de Zhao Ziyang jugé trop favorable aux étudiants. Le dialogue tourne au duel feutré, Jiang gardant en permanence un léger sourire aux lèvres.

Barbara Walters : « Vous savez que parfois des choses deviennent des symboles. Dans notre pays, il y a eu une photo d'un jeune homme qui a arrêté des chars, elle a été montrée et montrée dans nos journaux, voici la photo. »

1. Voir par exemple le livre de Christophe Deloire, *L'homme qui ne se retourne pas*, Paris, Flammarion, 2014.

Elle tend à M. Jiang le célèbre cliché[1]. Elle évoque un certain Wang Weilin – à l'époque des journaux avaient avancé cette identité pour l'homme au char – et demande ce qu'il lui est arrivé.

Tandis qu'elle parle, on entend le dirigeant chinois émettre de petits gloussements, qui ponctuent les phrases de son interlocutrice.

« Wang Weilin ? » s'interroge en riant le numéro un chinois, dont le visage est mangé par d'énormes lunettes rectangulaires.

Puis il répond. D'abord en chinois : « La photo montre que cette personne fait face au char et celui-ci s'arrête. Pourquoi s'arrête-t-il ? Est-ce que c'est le gamin qui arrête le char ? C'est parce que la personne qui se trouvait à l'intérieur n'a pas voulu écraser celui qui lui faisait face. » Et il ajoute dans un anglais maladroit : « Mais je pense, cette photo le prouve. »

Barbara Walters insiste : « Qu'est-il arrivé au jeune homme ? »

Jiang Zemin : « Je pense que ce jeune homme n'a pas été tué par les chars. »

1. En chinois, le nom de famille vient en premier. Nous avons adopté la transcription latine officielle (pinyin), par exemple Mao Zedong, sauf pour quelques cas, comme Pékin (Beijing), Canton (Guangdong) et Sun Yat-sen (Sun Yixian). Lorsque des textes que nous citons utilisent les anciennes transcriptions, telle celle de Wade-Giles, qui était la plus répandue dans le monde anglo-saxon, nous préciserons le pinyin entre parenthèses.

Barbara Walters : « Non, mais est-ce que vous l'avez arrêté ? Certains disent qu'il a été arrêté et exécuté. »

Jiang Zemin repasse au chinois : « Je ne peux pas vous dire s'il a été arrêté ou pas. »

Barbara Walters : « Vous ne savez pas ce qu'il lui est arrivé ? »

Jiang Zemin (de nouveau en anglais) : « Mais je pense, jamais tué, jamais tué. »

Faut-il y voir une ironie de l'histoire ? Juste après la répression de Tiananmen, la photo n'a pas été interdite par le régime mais au contraire utilisée par la propagande pour montrer, comme l'expliquait Jiang Zemin, que les militaires chinois ont fait preuve de grande maîtrise. La vidéo a même été diffusée sur la chaîne publique CCTV avec ce commentaire exalté :

> Les gens qui disposent d'un peu de bon sens verront que si notre armée avait voulu avancer, comment ce bandit, qui a l'outrecuidance de prétendre l'empêcher, aurait-il pu le faire ? C'est exactement à l'opposé de la propagande de certains pays occidentaux. Cela montre clairement que notre armée a observé la plus grande retenue.

Détail étrange, au cours de l'entretien entre Jiang Zemin et Barbara Walters, cette dernière commet une erreur sur la date de la photo : « Nous voyons que les chars ont été arrêtés, mais plus tard, le 4 juin, ils sont entrés et là, ils ont ouvert le feu sur les gens, des gens innocents, certains innocents, d'autres pas... » Elle ne sera pas la seule à se tromper sur la date. En 2014, lorsque le blog du *Wall Street Journal* consacré à la Chine (China Real Time Report) interviewe Jeff Widener, l'auteur de la photographie la plus connue, la journaliste se trompe là aussi, fixant la prise de vue au 4 juin (l'article sera corrigé plus tard).

Que nous disent ces erreurs ? Que nous voyons dans cette scène non pas ce qui suit mais ce qui préfigure la résolution de la crise dans le sang. La tension entre un bourreau et une future victime qui ignore encore son destin. C'est pour cette raison que l'image a pour nous une charge tragique hors du commun : ce qui va s'abattre n'est pas encore clairement visible mais déjà discernable. En réalité, le 5 juin, aucun des protagonistes de cette scène n'ignore qu'un massacre a déjà eu lieu, chacun sait exactement où il se trouve et ce que son acte peut avoir pour conséquence probable.

Nous avons choisi de représenter l'événement historique que fut la répression de Tiananmen par un cliché qui date du lendemain mais nous aurions pu choisir bien d'autres images, par exemple celles, beaucoup plus crues, de manifestants écrasés par les chars, comme cette série prise par un étudiant entre 6 h 10 et 6 h 25 le matin du 4 juin. Ces neuf photos ont été confiées à la journaliste du *Nouvel Observateur* Ursula

Gauthier (elle les publiera plus tard dans un supplément, puis sur son blog en 2014). La dernière montre un étudiant en éducation physique, Fan Zheng, qui s'accroche à une barrière – ses deux jambes ont été broyées.

À ces visions choquantes, insoutenables, les médias occidentaux ont donc préféré une scène dépouillée. Sans doute pas par hasard : l'image de « l'homme au char » exalte le courage d'un individu qui se lève face à la machine totalitaire. Elle puise dans l'imagerie du dissident, figure bien connue à l'Ouest. C'est le héros solitaire qui affronte un système inique et voué à la chute. L'idéologie qui a poussé à élire cette photo est aussi celle qui a conduit à ne voir dans la répression du mouvement étudiant qu'un funeste accident. On ne peut entraver longtemps une marche inexorable de l'Histoire qui se confond en l'occurrence avec l'écroulement des régimes communistes. L'emploi de la force ne pouvait être qu'un aveu de faiblesse. « Un régime qui, pour survivre, en est réduit à faire tirer sur la jeunesse qu'il a formée et qui se dresse contre lui au nom de la liberté n'a pas d'avenir », a solennellement déclaré le président de la République française, François Mitterrand[1], certain que celui qui

1. *Le Monde*, 6 juin 1989. Cette déclaration est rendue publique par l'Élysée le dimanche 4 juin au soir : « L'usage de la force ne résout rien. Je souhaite que les dirigeants chinois

avait osé affronter les chars sortirait un jour de l'anonymat. La Chine allait finir comme l'Union soviétique et rejoindre le camp des démocraties.

Hélas, les journalistes qui se rendent en Chine, à chaque date anniversaire, pour retrouver celui qui s'était dressé contre le régime, ne peuvent que constater, au fil des années, le renforcement de la sécurité, l'omniprésence policière et l'effacement progressif de la mémoire de ces journées.

Si je me permettais ici une suggestion, je proposerais de choisir un autre cliché pour illustrer l'événement avec plus de justesse : il a été pris dans la nuit du 3 au 4 juin et montre un groupe de soldats en train d'abattre une statue. Il s'agit de la Déesse de la Démocratie, une sculpture de plâtre et de polystyrène réalisée par les élèves de l'Académie des beaux-arts et dressée, quelques jours avant le 3 juin, place Tiananmen. La veille de l'intervention de l'armée, lors d'une réunion des hauts dirigeants, l'un d'eux, Li Xiannian, s'est emporté :

> Mais regardez donc cette chose, ni homme ni démon, qu'ils nous ont érigée sur une place ô combien solen-

recherchent enfin par le dialogue une solution à la crise que traverse la Chine et répondent ainsi aux aspirations de leur peuple. »

> nelle ! Est-ce que le peuple va accepter cela ? Absolument pas ! Nous n'obtiendrons jamais de ces individus qu'ils se retirent volontairement de la place. Cela fait déjà plus d'un mois que la place Tiananmen est souillée, ravagée au point de ne plus ressembler à rien. Nous ne pourrons souffler que lorsque la place aura vraiment été rendue au peuple. Nous devons immédiatement extirper ce foyer morbide. Il faut immédiatement faire évacuer la place[1].

La destruction de la Déesse de la Démocratie symbolise parfaitement ce qui s'est passé ce jour-là : l'éloignement durable des espoirs démocratiques. Tiananmen ne fut pas un point de non-retour, ni même un clou enfoncé dans le cercueil des régimes communistes. La répression n'est pas la défaite du régime mais une préfiguration de la Chine d'aujourd'hui. Et nous n'avons pas su le voir.

1. Zhang Liang, *Les Archives de Tiananmen*, avec une présentation du sinologue Jean-Philippe Béja, Paris, Éditions du Félin, 2004, p. 489.

Chapitre 2

Tiananmen, la place du peuple

Le délicieux après-midi pékinois s'est prolongé plus que je ne l'avais prévu en ce dimanche 30 septembre 2007, se terminant de manière inattendue. Nous pensions réaliser un reportage banal dans le parc Sun Yat-sen, situé juste à côté de la Porte de la Paix céleste, en plein cœur de la ville ; nous nous sommes retrouvés au poste de police, le cameraman de l'Agence France-Presse et moi, qui tentais d'apprendre des rudiments de vidéo. Nous avons été retenus pendant près de dix heures. Retenus ? Bien sûr que non, nous expliquaient nos anges gardiens au commissariat. Nous étions libres de partir. À condition d'effacer les images que nous avions enregistrées. Impossible d'accepter… Le temps s'étirait.

Je m'imaginais pourtant, à onze mois de l'ouverture des Jeux olympiques de Pékin, partout attendus avec impatience et enthousiasme, que ce reportage serait aisé et serein, à mille lieues de mes plongées régulières dans les régions intérieures. Souvent je m'y retrouvais en butte à des autorités locales sourcilleuses, méfiantes même, quand je m'intéressais à des sujets sensibles (les contestations, les grèves, les scandales de santé publique…). J'ai un souvenir particulier d'une visite à des familles d'ouvriers qui occupaient leur dortoir à Chengdu, la métropole du Sichuan, dans le sud-ouest du pays. Leur usine avait été détruite, un programme immobilier empiétait progressivement sur leur ancien territoire. Ils devaient quitter les lieux. Entourés de grues et d'engins de démolition, les résistants nous avaient accueillis au son de *L'Internationale* joué sur un vieux magnétophone, avant de nous exposer leurs griefs. Il avait fallu moins d'une heure aux fonctionnaires du bureau local chargé des étrangers (*waiban*) pour nous rejoindre. Direction : le siège du gouvernement régional.

Ici, dans la capitale, j'avais en tête d'aller simplement interroger quelques habitants sur une coutume amusante, et que je considérais comme anodine. Pas d'accueil en fanfare et pourtant…

Une fois par semaine, des parents soucieux de trouver une âme sœur à leur progéniture se retrouvaient dans un coin du parc et s'échangeaient des informations sur les cœurs à prendre. Pour défendre au mieux la cause de leur fille ou de leur fils, ils plaçaient devant eux une feuille retraçant son curriculum vitae, parfois avec une photo. Quoi de moins romantique et de plus inoffensif, pensais-je. Mais cette foire aux célibataires à l'ancienne, qui se déroulait sans l'aide des applications ni des smartphones, s'effectuait souvent à l'insu des premiers intéressés. Les géniteurs inventaient toutes sortes d'histoires – « Je suis tombé par hasard sur un vieil ami dont la fille pourrait te plaire... » – avec le secret espoir que les enfants se plient à la rencontre et finissent par se marier. La médiatisation de leurs petits arrangements ne leur convenait donc guère.

Or, erreur de notre part, pris par le reportage, nous avons rompu l'engagement de ne pas filmer à l'intérieur du petit groupe de parents afin d'éviter qu'ils n'apparaissent face caméra. Cris, agression, la situation a vite dégénéré, et la police a été appelée. Tout le monde a fini au commissariat. Les torts étaient sûrement partagés : intransigeance de notre côté, irascibilité et pointe de xénophobie de l'autre. Ils nous demandaient d'effacer les images. Nous nous y déclarions prêts en échange d'un nouveau rendez-vous. Mais la passion était vive, les parents refusaient. Le ton est monté, certains ont tenté de nous agresser. Bref, impossible de trouver un terrain d'entente.

Ce n'est qu'après l'intervention des plus hautes autorités, en l'occurrence de la police de Pékin puis du ministère des Affaires étrangères, que nous avons été relâchés non sans un sermon préalable du responsable de la police. Notre entêtement était néfaste : nous ne pouvions pas comprendre la Chine si nous étions capables de heurter à ce point les sentiments du peuple chinois, nous avait-il assené d'un air professoral. Par la suite, je serais convoqué au ministère des Affaires étrangères, où l'on me ferait de nouveau la leçon et réclamerait des excuses aux citoyens que nous avions offensés (« Vous avez heurté les sentiments du peuple chinois », est devenue une phrase rituelle chez les officiels [1]) – mais ceci est une autre histoire.

Quand nous nous sommes enfin extraits du commissariat, le parc, sur lequel tombait une pluie fine, était plongé dans le noir et le silence. Il était une heure du matin. Pour sortir du jardin, nous avons emprunté une petite porte qui débouchait directement sur la place Tiananmen, la Porte de la Paix céleste. Là, quelle ne fut pas ma surprise de découvrir une foule de plusieurs milliers de personnes. Le contraste était saisissant. Malgré le mauvais temps, elle ne cessait de grossir. Je compris vite : nous étions le 1er octobre, jour de la fête nationale. Dans quelques heures, au petit matin, allait se dérouler la cérémonie de lever du drapeau. C'était la dernière avant les Jeux olympiques et des milliers et des milliers de Chinois, couples avec enfants, provinciaux, jeunes, vieux, voulaient être là

1. Le premier à l'avoir utilisée est un responsable du ministère des Affaires étrangères en 1959 lors d'une rencontre avec le Premier ministre japonais de l'époque.

pour célébrer leur patrie. Leur nationalisme se traduisait par cette présence au cœur de la nuit devant la Cité interdite d'où les soldats allaient sortir pour hisser la bannière. J'en eus alors la conscience presque physique : c'était bien là, sur la place Tiananmen, que battait le cœur politique du pays. Je ne comprendrais peut-être jamais la Chine, en effet, mais j'ai pourtant saisi une chose ce soir-là, grâce à cette libération (trop) tardive : les Chinois avaient tissé, avec cet endroit, une relation singulière. Ce lieu était à la fois unique et emblématique, ombilical et impérial.

Sur la place Tiananmen, la puissance du régime se lit en effet de façon évidente. L'immensité du lieu s'impose au passant : 880 mètres du nord au sud et 860 mètres d'est en ouest – la plus grande place au monde dans les années 1960. Quelque cinq cent mille personnes peuvent s'y rassembler, un million si l'on ajoute les dégagements des parties est et ouest de l'avenue Chang'an. L'héritage politique de Mao est visible de partout. Rien d'étonnant : l'organisation de l'espace a été pensée par le fondateur du régime en personne. Il a entièrement remodelé ce lieu, le consacrant comme centre de la Chine communiste, symbole de son pouvoir et trace de son passage.

Après leur victoire sur les nationalistes en 1949, les communistes se sont en effet demandé que faire de Pékin et de son centre historique, liés à l'histoire ancienne – les empereurs ont habité la Cité interdite pendant près de cinq siècles. Fallait-il, comme le suggérait un des grands architectes de l'époque, Liang Sicheng, déplacer le centre administratif et politique plus à l'ouest et construire un quartier nouveau afin de préserver toute la partie historique de la ville ? Ou bien, avec moins de déférence pour sa gloire impériale déchue, entièrement le réaménager ? Staline avait remodelé Moscou dès 1935 et l'Union soviétique était une source d'inspiration indéniable pour Mao. Dans les années 1950, le slogan « L'URSS d'aujourd'hui est la Chine de demain » était dans toutes les bouches. Des architectes et des urbanistes chinois s'étaient du reste rendus dans la capitale russe tandis que des conseillers soviétiques étaient envoyés à Pékin. Fort de ces échanges, Mao décida que le cœur du pouvoir resterait dans le centre historique de la ville, Tiananmen en son milieu[1].

Si l'ancien palais des empereurs avait déjà été transformé en musée en 1925 – la République ouvre au public cet endroit jadis réservé au seul « Fils du ciel » et à sa cour –, Mao va plus loin : en agrandissant la place, il réduit la Cité interdite à un élément du décor, une simple arrière-cour de la « place du peuple ».

1. Chang-tai Hung, *Mao's New World: Political Culture in the Early People's Republic*, Ithaca, Cornell University Press, 2017.

Pour obtenir l'immense quadrilatère, les vieux murs sont abattus, les bâtiments et maisons qui la bordaient sont détruits, les habitants évacués. S'ouvre un espace de 44 hectares, beaucoup plus vaste que la place Rouge à Moscou (seulement 4 hectares). D'ailleurs, le souvenir de l'inspiration moscovite s'estompe peu à peu dans les discours et les esprits car au temps de l'amitié a succédé celui de la confrontation : les tensions entre les deux alliés s'accumulent, jusqu'à l'antagonisme à la fin des années 1950. L'aide soviétique dans la conception de la place Tiananmen tombe dans un oubli forcé. La révolution sera nationale, sans recours à l'aide étrangère.

En 1949, la place, encerclée de hauts murs peints en rouge, s'étendait sur 4 hectares en forme de T, dans le prolongement de la Cité interdite. Sa forme n'avait guère évolué depuis l'ère des empereurs, dont le dernier, Pu Yi, avait abdiqué en 1912 avant d'être expulsé des lieux douze ans plus tard. Sous leur règne, cet espace n'était pas ouvert au peuple. À l'est se trouvaient les ministères des Rites, de l'Industrie, de la Population et de la Médecine ; à l'ouest, les départements des cinq armées, de la garde impériale, de la police et de la justice. Un dicton populaire résumait cette géographie particulière : « Ceux de l'est gouvernent nos vies, ceux de l'ouest nos morts. » Il existe quelques photos de cette époque, mais elles sont peu diffusées et peu connues. Le régime, comme on s'en doute, ne tient pas à nourrir une nostalgie pour ce monde aboli. C'est par hasard que je suis tombé sur des clichés, datant du début du XXe siècle, en feuilletant la revue chinoise d'histoire orale *Laozhaopian* (*Vieilles photos*). Des pages du roman de Victor Segalen, *René Leys*, racontant la romance d'un Occidental avec une princesse de la Cité interdite, me sont revenues en mémoire.

Le Grand Timonier a une autre bonne raison de ne pas renoncer à situer son pouvoir à cet endroit : il est pour lui le « berceau » de la révolution. C'est là, en effet, que le 4 mai 1919 s'est déroulée la manifestation par laquelle tout a commencé. Les étudiants ont défilé pour protester contre le traité de Versailles accordant au Japon la partie de la presqu'île du Shandong jusqu'alors sous contrôle allemand. Deux ans plus tard et dans la foulée, le Parti communiste naissait à Shanghai. La « nouvelle révolution démocratique » était partie de la place Tiananmen et tous les chemins de la Chine communiste devaient logiquement y ramener.

Autre point capital dans l'esprit du fondateur, c'est aussi là, du haut de la Porte de la Paix céleste, qu'il a lui-même proclamé le 1er octobre 1949, avec sa voix forte mâtinée de l'accent de sa province natale, le Hunan, la naissance de la « Nouvelle Chine ». Depuis ce jour de 1949, son portrait est suspendu à la Porte de la Paix céleste. Trois versions s'en sont succédé. La toute première montre un Mao en uniforme militaire et casquette, inspiré par une photographie prise dans le Shanbei, ce bastion révolutionnaire fondé à l'issue de la Longue Marche. Cette image est cependant vite remplacée par celle d'un dirigeant moins martial. Parce que seule une oreille était visible sur cette deuxième version, on décida, dit-on, en 1967 de faire apparaître l'autre : il fallait montrer un Grand Timonier à l'écoute des « masses » tant célébrées durant la Révolution culturelle. Aujourd'hui, le portraitiste officiel, Ge Xiaoguang, qui a la lourde charge de peindre Mao, est aussi celui qui s'occupe de l'actuel dirigeant, Xi Jinping[1].

À quelques mètres du portrait, on planta sur la place un mât pour dresser fièrement le nouveau drapeau rouge qui porte cinq étoiles jaunes (couleur impériale) – dont une plus imposante que les autres – symbolisant les liens entre le Parti communiste et les quatre classes qu'il a réunies dans un vaste élan national : les ouvriers, les paysans, la petite bourgeoisie urbaine et les capitalistes patriotes.

Le Grand Timonier n'oublie pas non plus ceux qui se sont sacrifiés pour la révolution. Le 30 septembre, à la veille de la cérémonie, il a posé la première pierre

1. Patrick Saint-Paul, « Ge Xiaoguang, portraitiste officiel », *Le Figaro*, 28 décembre 2014.

de ce qui deviendra le Monument aux Héros du Peuple, un obélisque placé dans l'axe nord-sud de la place, juste en face de la Porte de la Paix céleste.

« Commémorer les morts, inspirer les vivants », disait Zhou Enlai, alors Premier ministre. Cette martyrologie nourrit la légitimité du pouvoir issu de la geste révolutionnaire, elle est essentielle au régime. Une fois le bâtiment achevé, on accrochera, côté nord, une calligraphie du président Mao – huit idéogrammes : « Gloire éternelle aux héros du peuple » et, côté sud, une phrase de Zhou qui salue aussi leur mémoire.

Simon Leys, le sinologue qui mit à nu les crimes du maoïsme, a vu dans cet édifice le symbole de la destruction de l'âme de la ville, le « viol maoïste de l'antique capitale » : « un étron révolutionnaire-prolétarien » déposé au milieu d'une « avenue sacrée »...

> Cet obélisque, haut d'une quarantaine de mètres, dont la base est ornée d'une série de bas-reliefs en margarine, n'aurait par lui-même rien qui puisse particulièrement attirer l'attention, n'était-ce la position privilégiée qu'il occupe, exactement au milieu de la perspective qui relie Ch'ien men [Qianmen, selon la transcription officielle pinyin] à T'ien-an men [Tiananmen]. Un éternuement, si sonore soit-il, ne frappe guère l'attention dans la bruyante cohue d'une gare, mais il n'en va plus de même par contre si cette expectoration vient exploser dans le

majestueux recueillement d'une salle de concert, au point le plus magique et ténu d'une phrase musicale ; de même la formidable signification que prend cette insignifiante bitte de granit, dérive tout entière de la stupidité sacrilège de son point d'insertion [1].

La charge doit beaucoup à la détestation personnelle vouée par Leys à l'esthétique communiste et à sa nostalgie d'un Pékin impérial. Aujourd'hui, après la destruction massive des quartiers historiques en vue des Jeux olympiques de 2008, le bâtiment passe inaperçu, voire apparaît paradoxalement comme la trace d'un autre Pékin disparu.

Décision est également prise, en ces années, d'élargir l'axe est-ouest grâce à la démolition des deux portes de Chang'an, situées respectivement de part et d'autre de la porte Tiananmen. Le maire de Pékin, Nie Rongzhen, s'était inquiété de ce que leur étroitesse ne permettait de faire passer qu'une vingtaine de personnes à la fois, avec les problèmes de sécurité qui pouvaient en découler lors des grandes manifestations à la gloire du régime : « Avec deux cent mille manifestants, il faudrait quatre heures et demie pour que la procession prenne fin. » Il en naît une vaste avenue de

1. Simon Leys, *Ombres chinoises*, Paris, Union générale d'éditions, 10/18, 1974, p. 87-88.

120 mètres de large, susceptible d'accueillir les cortèges de manifestants à l'occasion du 1er Mai et de la fête nationale. Moins de quarante ans plus tard, en 1989, c'est au milieu de cette artère que se dressera l'inconnu face aux chars, au lendemain de la répression sanglante.

Voici la grande scène de théâtre du nouveau régime. C'est le sentiment de Simone de Beauvoir lorsqu'elle est invitée, en compagnie de Jean-Paul Sartre, à assister aux festivités du 1er octobre 1955, jour de la fête nationale, en compagnie des plus hauts dirigeants, dont Mao, qui « prend place juste au-dessus de son portrait [1] ». L'écrivaine française, entièrement acquise à la cause, sombre dans le panégyrique :

> Je suis frappée par le caractère si personnel, si direct de leur rapport à Mao Tsé-Toung [Mao Zedong]. Rien ici de ce qu'on appelle « hystérie collective » ou « mystique du chef ». D'abord aucun de ces hommes n'a été absorbé par la foule : il y a là cinq cent mille individus, s'affirmant chacun pour son compte ; et puis ce qu'on lit dans leurs yeux ce n'est ni de la servilité, ni de la fascination, mais très exactement de l'affection. Pendant un instant, cet ouvrier, cet artisan rencontre Mao dans un familier

1. Simone de Beauvoir, *La Longue Marche, essai sur la Chine*, Paris, Gallimard, 1957, p. 412.

tête-à-tête, et en agitant son bouquet, en lui souriant, il lui dit merci d'homme à homme.

Le couple, fasciné, subit pendant quatre heures le défilé de la fête nationale. Le soir, au même endroit, il assiste à un feu d'artifice. Quatre cent mille personnes ont pris place. « "Un caviar", dit Sartre en voyant toutes ces têtes noires pressées les unes contre les autres[1]. »

Mais c'est surtout à partir de 1966 et durant la Révolution culturelle que cette arène prend tout son sens, pendant ces dix années où Mao organise la « révolution permanente » (1966-1976). Les autorités la désignent comme la « place du peuple ». Le rythme des mobilisations de masse s'accélère. En la seule année 1966, au déclenchement de la Révolution culturelle, une dizaine de rassemblements massifs ont lieu en présence de la « star » rouge. Ils constituent les grands rituels de la dynastie communiste dont les emprunts à l'époque impériale sont évidents selon Wu Hung, historien d'art à l'université de Chicago : « Il est vrai [...] que les rassemblements sur la place sont plusieurs milliers de fois plus importants que les anciens. Mais la logique de base du rituel demeure[2]. »

1. *Ibid.*
2. Wu Hung, « Tiananmen Square: A Political History of Monuments », *Representations*, vol. 35, été 1991, p. 84-117.

Bei Guancheng, un instituteur de vingt-six ans venu de Shanghai, écrit une lettre d'amoureux transi à ses amis – malchanceux – restés au pays :

> À 7 h 05 du soir le 15 septembre 1966, j'ai vu notre plus plus plus plus chèrement aimé dirigeant, le président Mao ! Camarades, j'ai vu le président Mao ! Aujourd'hui, je suis tellement heureux que mon cœur est sur le point d'exploser. Nous crions : « Longue vie au président Mao ! Longue vie ! Longue vie ! » Nous sautons ! Nous chantons ! Après avoir vu le Soleil rouge dans nos cœurs, j'ai couru comme un fou dans tout Pékin !

Le Grand Timonier a réussi à mobiliser l'énergie de la jeunesse au service de son ambition politique. Il devient une idole. Dans tout le pays, deux factions s'affrontent, ceux qui soutiennent les cadres en place, ceux qui veulent tout renverser : la guerre civile approche. Ils s'opposent, mais tous revendiquent le soutien du président Mao. Comme une guerre de religion menée au nom d'un même Dieu.

Sur la place Tiananmen, cependant, tout est soigneusement organisé par le régime. Il ne suffit pas de dire qu'on aime Mao, il faut le prouver par sa ferveur et sa discipline. Zhu Xiao-Mei, une jeune femme envoyée à la campagne, comme toute une génération après 1968 afin de mettre au pas cette jeunesse turbulente et violente – on les désigne sous le terme de

« jeunes instruits » (*zhiqing*) –, aurait bien voulu se rendre à Tiananmen, mais son histoire familiale a joué contre elle – son oncle s'était enfui à Taïwan et son père était soupçonné d'être un espion : « Je me suis sentie mal. À l'époque, j'étais prête à donner ma vie pour Mao », explique cette pianiste qui vit aujourd'hui à Paris.

Ce n'est cependant qu'en 1959 que la place acquiert l'aspect qu'on lui connaît aujourd'hui. En vue de la célébration des dix ans du régime, on construit dans la capitale « dix édifices monumentaux » (*shida jianzhu*), dont trois sont destinés à la place Tiananmen : à l'ouest, le palais de l'Assemblée du Peuple, le plus imposant de tous, qui abritera les réunions du Parti communiste et les sessions de l'Assemblée nationale populaire ; à l'est, deux musées, celui de l'Histoire chinoise et celui de la Révolution chinoise. Si le style se veut socialiste et national, le résultat est assez proche d'une alliance entre un néo-classicisme européen et des traits chinois, comme les toits incurvés et les tuiles vernissées.

Les bâtiments s'élèvent à un rythme inédit, en moins d'un an. La rapidité d'exécution prend sens dans le cadre du Grand Bond en avant, ce mouvement d'industrialisation à marche forcée – quitte à sacrifier les habitants des campagnes et à y faire des millions de victimes. Mao voulait avoir dépassé la Grande-Bretagne dans les huit ans et les États-Unis encore dix ans plus tard. Le mot d'ordre est alors : « Plus, plus vite, mieux, moins cher. » Pour les trois bâtiments de Tiananmen, on fait appel à des ouvriers de Shanghai, de Tianjin et de Wuhan, la main-d'œuvre locale étant insuffisante. Entre 50 000 et 70 000 personnes travaillent vingt-quatre heures sur vingt-quatre en trois huit. La mobilisation est quasiment militaire.

Et si le palais de l'Assemblée du Peuple est inauguré à l'heure dite – le 8 septembre 1959, moins d'un mois avant l'ouverture, Mao en personne avait même pu visiter le chantier –, le musée de la Révolution chinoise prend du retard et n'est accessible au public qu'en 1961. Ce ne sont pas des problèmes techniques qui sont à l'origine du contretemps mais des questions idéologiques et non des moindres : juste avant l'ouverture, le Premier ministre Zhou Enlai, passant en revue l'exposition, s'offusque. La scénographie n'accorde pas assez de place à Mao, son rôle héroïque n'est pas assez visible. Il faut tout reprendre.

Deux ans plus tard, quand le Grand Timonier se voit accorder sa « juste » place et que les portes peuvent ouvrir, c'est sa vision de l'histoire telle qu'il l'a maintes et maintes fois présentée qui y est exposée : d'abord la « vieille révolution démocratique » menée par la bourgeoisie, à partir des guerres de l'opium, au milieu du XIXe siècle, puis la « nouvelle révolution démocratique », amorcée par le mouvement du 4 mai 1919, dont le flambeau est repris par le Parti communiste chinois jusqu'à la « libération » en 1949. Cette deuxième partie se taille la part du lion : on y célèbre les martyrs, on y chronique la victoire inéluctable des communistes et les réussites de la jeune République populaire. Les nouveaux maîtres de la Chine ont compris l'importance de contrôler l'histoire, d'en maîtriser l'écriture, voire la réécriture. Dans ce cadre, le département de la propagande, qui dépend du Comité central du Parti, joue un rôle essentiel.

Les salles présentent des collections d'objets récupérés lors d'une grande collecte nationale. Les visiteurs peuvent admirer les premiers bons émis par la République des soviets du Jiangxi, avant qu'elle ne soit délogée par les troupes nationalistes et que ne commence la Longue Marche vers le nord, ou l'ingrate potence qui servit à exécuter en 1927 l'un des fondateurs du Parti communiste chinois, Li Dazhao. Les concepteurs ont également eu recours aux grandes fresques, commandées à des artistes reconnus. Parmi eux, Dong Xiwen (1914-1973) qui peint *La Cérémonie de fondation de la Nation* : Mao y figure en majesté, il lit son discours devant une rangée de micros, surplombant la place Tiananmen ; le ciel est bleu, parsemé de quelques nuages. Le rouge prédomine : la couleur des grandes lanternes accrochées à la Porte céleste, tout comme celle des drapeaux qu'on aperçoit en bas, sur la place. Se dégage du tableau une grande douceur, bien loin de la férocité des purges qui s'abattront sur certains de ceux qui y figurent et qui bientôt seront supprimés par d'habiles retouches.

C'est un « centre sacré » que le pouvoir a bâti. Un lieu étonnamment minéral, désert en son centre, sans arbres ni fontaines, où le soleil brûle en été et le vent sibérien souffle en hiver. Le peuple lui-même n'y fait figure que d'invité.

Comme l'écrivent les deux urbanistes Ed Wall et Tim Waterman, la place Tiananmen « peut même être considérée comme l'opposé d'une place publique. Son échelle totalitaire rapetisse les individus et les force à se sentir soumis au pouvoir de l'État. Cet espace convient bien aux parades militaires, mais il ne convient pas à la participation active des citoyens d'une métropole[1] ».

Malgré cette pesanteur du lieu, malgré sa solennité entièrement construite pour inspirer le respect du pouvoir, le régime va voir s'y dérouler deux rassemblements spontanés, l'un peu avant la mort du fonda-

1. Cités par Joëlle Zask, *Quand la place devient publique*, Lormont, Le Bord de l'eau, 2018.

teur de la République populaire, en 1976, l'autre en 1989. Et, chaque fois, c'est l'hommage que le peuple veut rendre à un dirigeant qui vient de disparaître qui les déclenchera : Zhou Enlai dans le premier cas, Hu Yaobang dans le deuxième.

Chapitre 3

La première salve

Sur la place Tiananmen, si chère au régime, où Mao fut vénéré par des millions de gardes rouges aux débuts de la Révolution culturelle entre 1966 et 1968, le coup de semonce a lieu en avril 1976. Des centaines de milliers de personnes bravent les interdictions pour rendre hommage à Zhou Enlai. Le rassemblement se produit exactement deux mois après la mort de ce Premier ministre, compagnon de route de Mao.

Zhou, vaincu par le cancer, était resté un fidèle malgré les foucades du Grand Timonier, qui l'avaient contraint aux pires acrobaties. Il avait suscité la méfiance du fondateur de la République populaire de Chine depuis le temps de la République des soviets du Jiangxi dans les années 1930. Malgré cela, il avait survécu aux années de chaos. Il avait résisté aux attaques incessantes de Jiang Qing, l'épouse de Mao et la cheffe de file du courant gauchiste (les tenants de l'orthodoxie révolutionnaire maoïste) au sein du Parti communiste chinois. Durant ces dix années de « tourmente » – c'est l'une des litotes prisées aujourd'hui des officiels du régime pour qualifier le mouvement déclenché par Mao afin de se débarrasser de ses rivaux –, le mandarin raffiné et élégant avait, tant bien que mal, assuré la survie de l'administration en dépit des purges et des revers de fortune de ses proches. Peut-être s'était-il montré trop lâche aux yeux de ceux qui ont vu là le secret de sa longévité, quand d'autres dirigeants avaient été sacrifiés, dauphins potentiels de Mao : d'abord Liu Shaoqi, mort en prison dans des conditions cffroyables, puis Lin Biao, disparu dans un accident d'avion et accusé d'avoir projeté un coup d'État pour s'emparer du pouvoir et d'avoir voulu s'enfuir en Union soviétique. Quoi qu'il en soit, le peuple appréciait Zhou Enlai.

Parmi les fidèles de Zhou et héritiers potentiels s'impose alors Deng Xiaoping. Ce petit homme pragmatique originaire de la province du Sichuan, dans le sud-ouest du pays, a épousé la cause du marxisme dans les années 1920 et étudié en France, comme son mentor Zhou Enlai. Limogé au moment de la Révolution culturelle, il est réhabilité par Mao qui le nomme, en octobre 1974, au poste de premier vice-premier ministre pour faire contrepoids aux gauchistes. Nouvelle preuve de confiance : c'est lui qui a l'honneur de présider la cérémonie officielle de deuil et de prononcer l'oraison funèbre de Zhou Enlai. Mao ne se rend pas aux funérailles, ce que tout le monde évidemment remarque, et se contente d'envoyer une couronne de fleurs.

Les derniers moments de Zhou, en particulier, attestent des rapports compliqués qu'ont toujours entretenus les deux hommes : rongé par la maladie, Zhou a dû affronter l'hostilité du Grand Timonier jusque sur son lit d'hôpital[1]. La rancune perdure après le décès : ordre est donné de ne pas rendre hommage au numéro deux dans les espaces publics ou les unités de travail. Ni brassards noirs, ni fleurs blanches à la poitrine, ni couronnes mortuaires, telle est la consigne de Mao. Aux pays étrangers qui s'interrogent sur l'opportunité d'envoyer des représentants aux funérailles, on répond que ce ne sera pas nécessaire.

La mort de Zhou met Mao face à un dilemme : autoriser les gens à lui rendre hommage, c'est faire affront à son épouse Jiang Qing et ses affidés ; interdire toute célébration, c'est prendre le risque que l'émotion populaire prenne un autre cours. Un haut gradé se souvient que ses compatriotes escomptaient une belle cérémonie pour Zhou Enlai à l'occasion de la Fête des morts (Qingming) qui tombait trois mois après sa mort.

1. Cette hostilité est décrite par Gao Wenqian dans son livre *Zhou Enlai, l'ombre de Mao*, Paris, Perrin, 2010.

Les gens étaient mécontents, non seulement à Pékin, mais dans tout le pays. Jusqu'à Qingming, ils avaient réprimé leurs émotions, et les frustrations se sont accumulées. Tout cela a bouillonné. Nul doute qu'ils attendaient une grande commémoration en mémoire du Premier ministre ce jour-là[1].

Après s'être rendu compte qu'il serait impossible de contenir l'émoi qui se diffusait dans le pays, le comité révolutionnaire de Pékin recommande d'organiser des cérémonies d'hommage sur les lieux de travail. Mais c'est sur la place Tiananmen que la population veut se rendre. L'agitation commence avant même cette Toussaint chinoise, le 5 avril 1976. De petits groupes s'aventurent sur la place, vite embarqués par les forces de l'ordre. Le 4 avril au soir, lors d'une réunion du Bureau politique tenue au palais de l'Assemblée du Peuple adjacent, le chef du comité révolutionnaire de Pékin, en bon bureaucrate, fournit des chiffres précis : au total 2 073 couronnes ont été déposées – la plus haute mesure six mètres –, représentant 1 400 unités de travail[2]. Le

1. Témoignage de Wu Zhong, qui était à l'époque commandant de la garnison de Pékin, publié en 2012 (vol. 3) par le magazine *Yanhuang Chunqiu* (*Les Annales de la Chine*).
2. Témoignage de Wu De, ancien responsable du comité révolutionnaire de Pékin, publié le 24 février 2004 par le quotidien chinois *Jiefang Ribao* (*Quotidien Libération*).

lendemain, jour de la Fête des morts, la situation empire : des milliers de personnes bravent l'interdiction de déposer des fleurs au pied du Monument aux Héros du Peuple. Les marches qui mènent au monument disparaissent sous les couronnes mortuaires déposées par les unités de travail, les *danwei*, autour desquelles s'organise la vie sociale dans cette économie centralisée et étatisée : entreprises publiques, universités, ministères… Toute la Chine semble s'être donné rendez-vous sur la place. Comme si la célébration de Zhou Enlai était aussi un moyen de fêter la perte d'influence des « gauchistes » et la fin de la Révolution culturelle… Femmes et hommes occupent l'endroit, revêtus de la même tenue, le costume Mao de la frugalité révolutionnaire, longues nattes pour les premières, cheveux courts pour les seconds.

Puis l'hommage se transforme, comme le pouvoir le craignait, en déluge de critiques dirigées contre Mao, contre sa femme, « l'impératrice folle », et les alliés de cette dernière, qu'on insulte. La peur a laissé place à un déferlement d'accusations. C'est toute la rancœur retenue depuis la fin de la Révolution culturelle qui explose. Et comme toujours en Chine elle s'exprime dans des textes, des appels, des poèmes, qu'on rédige sur de grandes feuilles et qu'on affiche à la vue de tous, les dazibaos.

Un étudiant canadien, David Zweig, présent sur place, note ces vers qui font référence au refus du

Bureau politique d'édifier un mausolée à la mémoire de Zhou :

Ses cendres ne sont pas encore froides.
Le chant opprime la résonance de la tristesse.
Il y a un siège vide sur la scène.
Tout le monde attend Qingming [la Fête des morts].
Mais à Qingming il n'y aura pas de tombe à balayer.
Désolés, les gens scrutent le ciel vide.
Ses cendres ont été dispersées à travers toutes les terres du pays.
Espérons que l'esprit lucide de ce grand homme
Se transformera en un insecticide
Capable de détruire tous les moustiques et toutes les mouches[1].

Comme le jeune Canadien, beaucoup de passants recopient les poèmes accrochés au piédestal du Monument des Héros du Peuple. C'est le cas des parents de Shen Tong, un des futurs meneurs du mouvement démocratique du printemps 1989. La famille habite à un quart d'heure de la place et elle prend l'habitude de

1. David Zweig, « Essai photographique sur une réforme avortée : Beida, Tiananmen et la défaite de Deng Xiaoping en 1975-76 », *Perspectives chinoises*, 2016/1. L'étudiant devenu sinologue a publié, pour accompagner son article, une série exceptionnelle de photos prises à l'époque.

venir s'y promener le soir. Le père, la mère et un oncle de Shen Tong retranscrivent tout ce qu'ils peuvent dans des carnets. Ils se répartissent les différentes faces du monument pour que rien ne leur échappe :

> Mon père et des milliers de Pékinois copiaient les textes du monument parce qu'il n'existait pas d'autre moyen de lire des œuvres chinoises contemporaines ayant une valeur littéraire véritable et parce qu'en outre, ces poèmes exprimaient un mécontentement que tous éprouvaient[1].

Les promenades nocturnes sur la place deviennent soudainement une sortie prisée des Pékinois.

Il y a en particulier ce poème écrit par un « jeune instruit », un de ces citadins envoyés à la campagne pendant la Révolution culturelle. Son destin est emblématique de l'agitation de la période. En évidence sur la face nord du monument, il tient en quatre vers :

Dans mon chagrin, j'entends des démons hurler
Je pleure pendant que les loups et les chacals rient
Je verse des larmes pour rendre hommage à un héros
Je lève la tête et sors mon épée.

1. Shen Tong, avec Marianne Yen, *Presque une révolution*, Paris, Robert Laffont, 1991, p. 64.

Expression d'une rébellion toute personnelle... C'est pourtant cette composition qui deviendra, aux yeux du régime, le « dossier contre-révolutionnaire numéro un ». Son auteur, Wang Lishan, est dès le lendemain recherché par toutes les polices du pays.

Devant les troubles, les gauchistes prennent peur et tiennent déjà Deng Xiaoping pour responsable. L'heure des comptes semble approcher. Jiang Qing exige que les fleurs soient enlevées immédiatement. La place est selon sa volonté nettoyée dans la nuit du 4 au 5 avril. Le lendemain, la situation dégénère : des altercations éclatent entre les forces de l'ordre dépêchées sur place et lcs manifestants qui réclament le retour des couronnes, symbole du respect accordé à Zhou Enlai ; des voitures sont incendiées.

La place est finalement évacuée brutalement. Le jeune Shen Tong s'y trouve avec sa mère et sa grand-mère. Face à l'arrivée des miliciens, les deux femmes prennent leurs jambes à leur cou, entraînant l'enfant, et réussissent à regagner leur maison. La peur est palpable, mais le garçon ne comprend pas ce qui s'est passé.

> Épuisé, je m'endormis rapidement [...]. La veille de la fête du Qingming, soirée dont mon unique souvenir est cette course folle jusque chez nous, le gouvernement chargea la milice de retirer tous les portraits du Premier ministre décédé et toutes les guirlandes déposées

en hommage à sa mémoire, y compris celle qui couronnait le monument aux Héros du peuple. Le lendemain, lorsque les Pékinois découvrirent la place nue et manifestèrent, la milice réagit avec violence[1].

Officiellement, il n'y a pas de morts, mais des manifestants ont été battus et envoyés en prison. Le Bureau politique condamne un « incident contre-révolutionnaire », la presse officielle fustige un « événement réactionnaire ». Les parents de Shen Tong passent une nuit entière à dissoudre dans l'eau les feuilles des carnets remplis des poèmes désormais « sulfureux » pour les jeter aux toilettes et ne pas laisser de trace :

> J'avais compris, en raison des messages martelés à la radio, qu'ils auraient risqué des ennuis si on avait trouvé de la poésie contre-révolutionnaire en leur possession, et je percevais leur peur[2].

Deng Xiaoping est contraint de s'enfuir dans le Sud pour échapper à la vindicte des radicaux. Mais l'équilibre des forces au sein du pouvoir change rapidement. La mort de Mao, qui intervient quelques mois plus tard, le 9 septembre, signe la fin des gauchistes,

1. *Ibid.*, p. 66.
2. *Ibid.*, p. 67.

qui sont arrêtés et définitivement écartés du pouvoir. Ils resteront dans l'histoire sous l'appellation infamante de « bande des Quatre ». Jiang Qing finira ses jours – elle se suicidera en 1991 – dans une prison trois étoiles après avoir vendu chèrement sa peau lors d'un procès retentissant. En 1978, soit deux ans plus tard, la manifestation d'avril est « réhabilitée » et qualifiée de « révolutionnaire ». Ce revirement est une première dans l'histoire du régime. Le poète Wang Lishan passe du statut de réprouvé à celui de héros. On célèbre ses vers.

Ainsi se termine ce qui se lit *a posteriori* comme le prélude de la tragédie du 4 juin 1989. Treize ans avant les faits, c'est une sorte de répétition générale qui a eu lieu, avec la même unité de temps (quelques jours de printemps), d'action (une émotion populaire qui dégénère) et de lieu (la place Tiananmen).

Quant à l'acteur principal, Mao, il échappe à l'infamie posthume. L'homme a certes commis des erreurs, mais sa pensée reste la boussole du régime. Ainsi en décide Deng Xiaoping, qui s'impose comme le nouvel homme fort jusqu'à sa mort en 1997. Ce Petit Timonier n'a en rien l'âme d'un Khrouchtchev : ni déstalinisation, ni rapport secret sur les crimes de l'illustre fondateur ne viennent assombrir l'image glorieuse de son prédécesseur. Le portrait de Mao continue de trôner Porte de la Paix céleste tandis que son corps, embaumé comme celui de Lénine, repose sous un cercueil de verre. Depuis lors, chaque jour place Tiananmen les Chinois lui rendent hommage, entrant en files ininterrompues dans une pièce sombre où règne une atmosphère silencieuse, presque religieuse. La dépouille, sous garde militaire, est revêtue d'un costume gris. Le visage est cireux. Pas le temps d'observer davantage, il faut déjà sortir : personne ne peut rester plus que quelques secondes au côté du fondateur de la République populaire de Chine.

Retrouvons, là encore, le jeune Shen Tong. Il a assisté à l'édification du mausolée, attentif à la progression des travaux lorsqu'il longe la place, avec sa mère, en autobus. En septembre 1977, un an après la mort de Mao, il ressent une grande fierté d'avoir été sélectionné pour être parmi les premiers à visiter la dernière demeure du grand homme. Il court dans son impasse en criant : « Je vais voir le président Mao ! » Son père n'est pas aussi enthousiaste. La veille de la visite, il dit à son fils : « Te rends-tu compte que le mausolée a été construit pour un seul homme alors que le Monument aux Héros du Peuple l'a été pour les milliers de citoyens chinois qui sont morts pendant la révolution ? » Mais cela n'atténue pas l'impatience du jeune garçon. Chef de groupe de sa classe et jeune pionnier, il est en habit d'apparat : chemise blanche, pantalon bleu marine, écharpe rouge, chaussettes blanches et chaussures noires. Le passage devant le corps du Grand Timonier déçoit celui qui s'imaginait connaître une expérience hors du commun : il pense avoir affaire à un mannequin[1]. La magie n'opère plus pour cette classe d'âge, celle précisément qui va faire irruption en politique en 1989.

1. *Ibid.*, p. 80.

Chapitre 4

Un cadavre encombrant

L'histoire politique du pays a décidément à voir avec les cadavres. En 1989, la dépouille encombrante n'est pas celle de Zhou Enlai, mais celle de Hu Yaobang, le « fils spirituel » de Deng Xiaoping. Le dirigeant réformiste et audacieux avait été limogé de son poste de secrétaire général du Parti communiste deux ans auparavant. Coupable, selon Deng, d'avoir été trop tendre envers des manifestations étudiantes de fin 1986.

Cette fois, en effet, Deng, dont la dernière charge est celle de président de la Commission militaire centrale, n'est plus, comme en 1976, du côté des victimes. Il est même rangé dans le camp des « durs ». Aux yeux de beaucoup, c'est un géronte qui doit prendre sa retraite politique et cesser de gouverner « derrière le rideau », comme il le fait depuis des années. Les intellectuels et les réformistes lui reprochent ses coups de butoir contre la liberté d'expression. Son accession au pouvoir, en 1978, avait pourtant permis une relative détente, qu'assurait aussi la mise à l'écart des gauchistes. Des personnalités diverses avaient pu s'exprimer et exposer des idées contraires à la direction donnée par le Parti. Par exemple, au carrefour de Xidan, situé à l'ouest de Tiananmen, les plaignants avaient laissé libre cours, les uns à leur courroux, les autres à leurs rêves, sur des affiches en grands caractères placées sur un mur. Une nouvelle fois, Shen Tong, dont la demeure familiale est proche, n'en perd pas une miette. Son père l'y emmène le soir après le dîner ou le dimanche. Les victimes de la Révolution culturelle, tout juste libérées de prison, dévoilent leurs cicatrices :

> À peu près un tiers du mur était couvert de *xueshu*, témoignages écrits avec du sang, qui symbolisaient les souffrances de la population. Avec stupéfaction, je regardais les gens, debout devant des feuilles de papier blanc collées sur le mur, se mordre l'index pour écrire puis, lorsque le sang cessait de couler, se mordre à nouveau le doigt pour pouvoir continuer[1].

Wei Jingsheng, électricien au zoo de Pékin, est le plus audacieux : cet ancien garde rouge, issu d'une famille de hauts cadres, était allé jusqu'à ajouter à

1. Shen Tong, *Presque une révolution*, *op. cit.*, p. 82-83.

l'objectif officiel des quatre modernisations du régime (celles de l'agriculture, de l'industrie, de la science et des technologies et de la défense nationale) une cinquième, la démocratie.

Cette période d'expression libre constitue le premier printemps de Pékin, dix ans avant celui de 1989. Dans un premier temps, elle est tolérée par Deng ; elle lui permet d'asseoir son pouvoir face à Hua Guofeng, héritier désigné par Mao, et aux conservateurs. Au cours d'une rencontre avec un hôte japonais fin novembre 1978, il semble serein face à cette éclosion de paroles. Ses propos sont rapportés par *Le Quotidien du Peuple* :

> Il est tout à fait normal que le peuple affiche des dazibaos. C'est un signe de la stabilité et de la situation en Chine. Nous n'avons pas le droit de nier ou de critiquer cette éclosion de la démocratie et des dazibaos. Si le peuple est en colère, il faut le laisser se défouler [1].

Mais ce défoulement, il y met fin avec brutalité au bout d'un an. Comme Mao l'avait fait au moment des Cent Fleurs en 1957 : il avait violemment réprimé ceux qu'il avait pourtant appelés à critiquer le Parti

1. Ruan Ming, *Deng Xiaoping, Chronique d'un empire : 1978-1990*, Arles, Philippe Picquier, 1992, p. 60.

en lançant le slogan « Que cent fleurs s'épanouissent, que cent écoles rivalisent ». Deng a laissé les critiques fleurir pendant quelque temps avant de lancer la répression : il la concentre sur ceux qui sont allés le plus loin en osant s'en prendre à sa personne. L'ont particulièrement agacé les attaques contre la guerre punitive – et expéditive, puisqu'elle ne dure qu'un mois – qu'il a lancée contre le Vietnam et qui s'est révélée un fiasco. Lui qui a une haute opinion de ses capacités militaires enrage. Arrêté en mars 1979, Wei Jingsheng, l'homme du zoo de Pékin, qui s'était demandé si Deng n'était pas un nouveau dictateur, est lourdement condamné : quinze ans de prison.

Deng n'obtient pas, malgré cette fermeté, le calme qu'il souhaiterait voir régner dans son vaste empire. Au mitan des années 1980, la Chine est particulièrement agitée. La politique d'ouverture économique décidée à la mort de Mao et lancée sous sa houlette en 1978 est la cause principale de cette instabilité. Pourtant, elle vise à répondre aux besoins d'une population en perpétuelle croissance en misant sur le développement d'une agriculture et d'une industrie des biens de consommation, et sur la création de secteurs voués à l'exportation sur le modèle des « quatre petits dragons » (Hong Kong, Corée du Sud, Taïwan et Singapour). Las, elle se traduit surtout par une sérieuse hausse du coût de la vie et une corruption rampante. Les Chinois sont insatisfaits… et accusent

Deng de tous les maux. Ce mécontentement donne des ailes aux intellectuels libéraux qui pensent que la crise que traverse le pays ne peut se résoudre que dans une ouverture politique. Une intense réflexion critique et théorique se développe alors, afin de déterminer la voie à suivre. Les universités sont à la pointe de ces débats.

Les conservateurs, qui ne sont pas aveugles, s'inquiètent, d'ailleurs, de l'avancée de ce qu'ils qualifient de « libéralisme bourgeois ». Et ce d'autant plus qu'à l'hiver 1986-1987, les étudiants descendent dans la rue. Le mouvement de protestation commence en novembre à Shanghai, où de nouveaux règlements rendant obligatoires des exercices physiques chaque matin constituent les ferments de la révolte. Un mois plus tard, dans les villes de Wuhan et de Hefei, des milliers de jeunes manifestent[1]. Le vice-président de l'université de Hefei n'est autre que l'astrophysicien Fang Lizhi, une figure charismatique du combat pour la démocratisation même s'il est membre du Parti. Il a effectué une tournée des campus fin novembre avec des discours enflammés :

1. Jean-Christophe Tournebise et Lawrence MacDonald, *Le Dragon et la Souris*, Paris, Christian Bourgois, 1987.

> J'ai toujours été opposé à l'idée selon laquelle la philosophie marxiste doit être la seule direction théorique pour tout. Nous nous sommes finalement rendu compte que cette direction ne peut conduire qu'à des résultats erronés.

Il poursuit :

> La démocratie ne peut être obtenue que par des efforts sans relâche. Critiquer les chefs de gouvernement est un symbole de démocratie. Je persiste à dire que l'on peut critiquer les dirigeants [1].

Les slogans des manifestations de décembre 1986 sont téméraires : « Vive la démocratie », « Vive la liberté », « À bas le despotisme »... Le mouvement s'étend dans tout le pays, y compris dans la capitale. Les autorités de Pékin adoptent un nouveau règlement, interdisant toute manifestation dans quatre lieux publics, dont la place Tiananmen. Le 29 décembre, les étudiants tentent pourtant de s'y rendre, mais en vain. Un nouvel appel est lancé pour le 1er janvier. Pour les forces de l'ordre, tous les moyens sont bons pour empêcher sa réussite, y compris de répandre de l'eau sur la place afin de la rendre impraticable en raison des températures glaciales. Des centaines de policiers sont

1. *Ibid.*, p. 86.

déployés. Un millier d'étudiants se rassemblent néanmoins. Bien qu'on les empêche d'accéder au Monument aux Héros du Peuple, trois cents d'entre eux tentent une percée. Plus de quatre-vingts personnes sont arrêtées, dont une trentaine d'étudiants. Parmi eux, Feng Congde, un élève de la prestigieuse université de Pékin, Beida, qui sera plus tard un des meneurs du mouvement de Tiananmen du printemps 1989. Il se retrouve au commissariat du parc Sun Yat-sen, interrogé par la police :

– Quelles sont tes motivations ?
– Je n'en ai pas en propre. La démocratie est l'affaire de tous, les droits démocratiques dépendent aussi de vous. Je n'avais pas l'intention de venir, mais les manifestations et les rassemblements sont des droits fondamentaux du peuple[1].

Il est relâché quelques heures plus tard sous la pression de la jeunesse : un cortège de cinq mille étudiants s'est mis en marche vers la place Tiananmen pour exiger sa libération et celle de tous les camarades. Les autorités ont cédé. Le mouvement s'essouffle cependant devant la dureté du pouvoir. Le 5 janvier, dans

1. Feng Congde, *Liusi Riji : Guangchangshang de Gongheguo* (*Journal du 4 juin : la République sur la place*), Hong Kong, Morning Bell Press, 2009.

un dernier acte de bravoure estudiantine, à l'université de Pékin, on brûle des exemplaires du *Quotidien du Peuple*, l'organe du Parti, qui le même jour dans un éditorial les a accusés d'« utiliser l'illusoire démocratie bourgeoise pour créer l'anarchie[1] ».

Deng Xiaoping était dès le début favorable à la « sévérité » dans la gestion du mouvement étudiant. Dès décembre, il remettait les pendules à l'heure :

> Quand je parle de démocratie, je ne veux pas dire qu'il faut appliquer la démocratie bourgeoise. Il n'est pas possible de diviser le pouvoir en trois (législatif, judiciaire, exécutif). Je critique souvent les Américains en disant qu'ils ont trois gouvernements. [...] Mais à l'intérieur de leur pays, règne la dissension et cela entraîne des problèmes.

Dans le même discours, de façon très significative, il évoque la situation en Pologne et la décision du Parti communiste d'avoir recours à la loi martiale pour faire face au danger représenté par le syndicat Solidarność (Solidarité) :

> Les méthodes de dictature, il ne faut pas simplement en parler, mais il faut les appliquer à temps. Bien sûr,

1. Jean-Christophe Tournebise et Lawrence MacDonald, *Le Dragon et la Souris*, *op. cit.*, p. 133.

> quand on les utilise, il faut être prudent, arrêter un minimum de personnes et éviter au maximum de verser du sang. Mais si les étudiants créent eux-mêmes des incidents visant à faire couler du sang, que pouvons-nous faire ? Si personne ne meurt, c'est mieux, il faut l'éviter. [...] mais il faut arrêter les meneurs. Si nous ne sommes pas résolus à cela, nous n'arrêterons pas cette affaire ; et si nous ne prenons pas des mesures, nous serons vite débordés, avec plus de problèmes encore [1].

Rétrospectivement, ce discours fait frémir : le dirigeant de l'ombre, celui qui continuait à tenir les ficelles du pays en 1989, ne cachait ni ses intentions en cas de contestation majeure, ni le peu de cas qu'il faisait de la vie des jeunes gens.

Quoi qu'il en soit après les troubles de l'hiver, les conservateurs, non contents de n'avoir rien cédé, demandent la tête du numéro un, et l'obtiennent : Hu Yaobang, secrétaire général du Parti communiste, est contraint de démissionner. Le régime a créé, à la faveur de ces troubles et bien malgré lui, sinon un héros, du moins un homme aimé et respecté par la foule. Le « petit diable rouge » – le surnom de Hu Yaobang dans les années 1920, au début de la révolution – a refusé d'user de la manière forte pour

1. *Ibid.*, p. 234-237.

contenir les manifestations étudiantes. Aux yeux de beaucoup, ce choix d'éviter l'affrontement est très important. Il panse les blessures causées non seulement par la Révolution culturelle, mais aussi par les mouvements de répression qui l'avaient précédée (comme celui contre les « droitistes » en 1957). Hu devient très populaire. Sans compter qu'ancienne victime des gardes rouges, il a réhabilité de nombreux cadres et intellectuels injustement accusés et envoyés dans les camps. Lui aussi a subi la folie du régime pendant la Révolution culturelle : en pleine tourmente, alors qu'il est hospitalisé pour un traitement bénin, on vient le chercher jusque dans son lit d'hôpital. Une infirmière tient courageusement tête aux petits généraux de Mao qui veulent le soumettre à de nouvelles sessions de critiques : « Hu Yaobang a une maladie cardiaque, affirme-t-elle sans ciller, c'est grave, il peut mourir en pleine session, celui qui prend la responsabilité doit me signer un document[1] ! » Les radicaux refluent. Hu est sauvé.

Ceux qui étaient nés à l'époque se souviennent aussi qu'il a mené la bataille idéologique contre l'aile gauche, nostalgique de la Révolution culturelle, dans

1. Chen Liming, *Hu Yaobang, Cong Hongxiaogui dao Zongshuji* (*Hu Yaobang, de petit diable rouge à secrétaire général du Parti*), Éditions du Quotidien du Peuple, 2013, t. 1, p. 309.

la période de transition entre la mort de Mao, le 9 septembre 1976, et le retour au pouvoir de Deng Xiaoping, confirmé en décembre 1978. Il assume alors la vice-présidence de l'école centrale du Parti communiste chinois qui, à son arrivée, ressemble à un champ de ruines. Et pour cause : les deux directeurs précédents ont été purgés. Devant des élèves formés pour devenir les futurs cadres du Parti, il plaide pour la « libération de la pensée ». Il lance la revue *Lilun Dongtai* (*Tendance théorique*) dont il fait une arme dans la bataille culturelle entre conservateurs et réformateurs. La « bande des Quatre » a été vaincue, dit-il, mais son influence idéologique est encore sensible. Il faut l'éradiquer. Il s'y emploie sans réserve.

C'est d'ailleurs dans sa revue qu'est publié un article qui fait date pour la polémique qu'il suscite lorsqu'il est repris par un quotidien national, *Guangming Ribao* (*Clarté*), en mai 1978. Son titre, « La pratique est le seul critère permettant de tester la vérité », est abscons pour un lecteur occidental, mais, à l'époque, il constitue une charge contre ceux qui s'accrochent à l'héritage de Mao. Et en premier lieu contre l'héritier désigné, Hua Guofeng. Chargé de maintenir un équilibre délicat entre les deux factions du PCC, le dirigeant falot s'entête dans sa théorie des « deux quelles que soient », résumée dans un éditorial publié par *Le Quotidien du Peuple* un an plus tôt, en février 1977 :

> Quelles que soient les décisions prises par le président Mao, nous devons les maintenir fermement ; quelles que soient les instructions du président Mao, nous devons nous y conformer indéfectiblement.

Pour les auteurs du texte publié par *Clarté*, rien de mieux que de citer Mao – mais aussi Marx et Engels – pour lutter contre ces nostalgiques du maoïsme de la Révolution culturelle : le Grand Timonier n'a-t-il pas affirmé que l'idéologie doit suivre le réel et non l'inverse ? D'où leur appel à se débarrasser du joug théorique qui empêche de prendre les mesures nécessaires pour progresser.

Bref, Hu est intrépide, plein de jugement, c'est un vrai dirigeant. Sa « mollesse » face aux étudiants n'est pas de la velléité, mais le signe de la constance de ses convictions. D'ailleurs, si l'on en croit Zhao Ziyang, un autre dirigeant réformateur qui a succédé à Hu Yaobang à la tête du Parti, ce ne sont pas tant les manifestations étudiantes de la fin de l'année 1986 qui ont poussé Deng Xiaoping à se séparer de Hu, que son indépendance d'esprit[1]. Depuis 1983, Deng avait

1. C'est ce qu'il explique dans son livre *Mémoires. Un réformateur au sommet de l'État chinois*, Paris, Seuil, 2011, p. 189.

perdu confiance en son favori, qu'il jugeait en passe de céder aux attraits de la libéralisation bourgeoise. Il avait prévu de se séparer de lui en douceur, lors du renouvellement des cadres dirigeants au 13e congrès du printemps 1987, mais l'agitation étudiante a bouleversé les plans. Le sort de Hu semble être scellé en 1986 à Beidaihe, la station balnéaire à l'est de Pékin où se retrouvent, l'été, les maîtres de la Chine communiste. Deng fait part aux autres gérontes de sa colère contre Hu Yaobang qui, dans un entretien accordé à un journaliste de Hong Kong publié en janvier 1985, a laissé entendre qu'il pourrait prendre sa place à la Commission militaire centrale – une façon d'évoquer la retraite de l'homme fort du Parti. Un crime de lèse-majesté.

Le clan conservateur en profite. Il est mené par Chen Yun, un vétéran issu de la classe ouvrière, ancien typographe qui fit carrière dans le Parti, où dans les années 1940 Mao le chargea des nominations et des affectations des cadres, puis de l'économie. « Un stalinien dogmatique mâtiné d'un pragmatiste chinois », selon un ancien haut fonctionnaire[1]. Dès la fin des années 1970, il plaide pour un retour à l'économie planifiée et au socialisme qu'il a contribué à bâtir dans les années 1950.

1. Ruan Ming, *Deng Xiaoping, chronique d'un empire : 1978-1990*, *op. cit.*, p. 128.

Comme le souligne l'ancien journaliste et historien Yang Jisheng[1], depuis la mort de Mao jusqu'à la répression de Tiananmen, la lutte entre les réformateurs, alliés à Deng Xiaoping, et les conservateurs, menés par Chen Yun, domine la vie politique chinoise. Deng et Chen, ces compagnons de Mao de la première heure, ont fait front ensemble, pendant la Révolution culturelle, face aux ultras emmenés par Mme Mao. Mais dès que la « bande des Quatre » s'est trouvée hors d'état de nuire, leurs divergences sur la teneur des réformes à mettre en œuvre sont apparues au grand jour. Trop de liberté politique, trop de capitalisme débridé, juge Chen Yun ; trop de dirigisme, trop d'idéologie, répond Deng Xiaoping. À chacun sa métaphore : Deng se rend célèbre avec sa formule « Peu importe qu'un chat soit blanc ou noir, s'il attrape les souris, c'est un bon chat », tandis que Chen Yun s'en tient à l'image de l'oiseau en cage pour représenter le statut qu'il réserve au marché au sein de l'économie socialiste : bien encadré. Le conservatisme est le corollaire, en matière politique, du dirigisme. Deng Liqun, l'homme de la propagande au sein du camp conservateur, a trouvé une formule qui frappe : les années paires sont celles où le vent souffle vers le

1. Dans son livre publié à Hong Kong en 2004 aux éditions Excellent Culture Press, *Zhongguo gaige niandai de zhengzhi douzheng* (*Les Luttes politiques en Chine à l'ère des réformes*).

libéralisme, les années impaires celles de ses adversaires. Et en effet :

1976 : La « bande des Quatre » est arrêtée.

1977 : Hua Guofeng, éphémère successeur de Mao, réaffirme le dogme : on ne touche pas à l'héritage du Grand Timonier…

1978 : Hua Guofeng est marginalisé, Deng Xiaoping laisse les mécontents exposer leurs critiques au carrefour de Xidan à Pékin, sur le « mur de la démocratie ».

1979 : La principale figure du premier printemps de Pékin, Wei Jingsheng, qui avait réclamé une cinquième modernisation, la démocratie, est condamné à quinze ans de réclusion. Trop audacieux.

1980 : Hu Yaobang est désigné secrétaire général du Parti. Dans un discours, Deng Xiaoping évoque une répartition des rôles entre le Parti et le gouvernement. Les médias officiels osent publier les textes des réformateurs parmi les plus radicaux.

1981 : Dès la fin de 1980, les partisans de Chen Yun lancent la contre-offensive, dans les domaines politique, économique et artistique.

1982 : La tension se relâche, des partisans des réformes font leur entrée au Comité central du Parti. Le vice-rédacteur en chef du *Quotidien du Peuple*, Wang Ruoshui, théoricien du marxisme, s'aventure sur des terrains dangereux en méditant sur l'aliénation, l'humanisme et la Révolution culturelle.

1983 : Une campagne contre la « pollution spirituelle » – les idées occidentales présentées comme un virus – est lancée. Le théoricien intrépide Wang Ruoshui est démis de son poste ; il sera exclu du Parti en 1987.

1984 : Deng Xiaoping se rend dans les villes du Sud où la Chine expérimente le capitalisme, Shenzhen, Zhuhai. Il donne le ton : « Il ne s'agit pas de restreindre, mais de libérer. » En mars, quatorze villes supplémentaires sont désignées comme « zones ouvertes ».

1985 : Chen Yun se rappelle au bon souvenir de son camarade lors de diverses réunions du Parti en réaffirmant la place centrale de l'économie planifiée. Deux dirigeants régionaux, figures de la réforme, sont poussés à la démission dans le Fujian et à Hainan à la suite de scandales de corruption.

1986 : Les intellectuels réformateurs font feu de tout bois dans la presse. L'année s'achève par une manifestation d'étudiants sur la place Tiananmen.

1987 : Hu Yaobang est sacrifié, jugé trop mou face aux manifestations étudiantes et aux intellectuels libéraux, dont certains sont exclus du Parti.

1988 : L'une des voix les plus critiques, l'astrophysicien Fang Lizhi, fait la tournée des universités, où des associations autonomes font florès. Le pouvoir unique du Parti est remis en cause, tout comme le système de censure de la presse et de l'édition.

1989 : Répression du mouvement de Tiananmen. Ce sera l'acte final de cette lutte entre les deux clans.

Fin 1988, deux intellectuels réformateurs, Wen Yuankai, professeur à l'Université de sciences et technologie de Chine, et Yan Jiaqi, politologue de renom à l'Académie chinoise des sciences sociales, avaient fait part de leur inquiétude face aux coups de boutoir des conservateurs lors d'un dialogue qui s'était tenu à Pékin[1]. Avec des accents prophétiques, ils soulignaient que l'enjeu crucial du moment était la solution à apporter à ce qu'ils nommaient une « crise ». Ils s'inquiétaient d'un éventuel enlisement, craignaient que l'on puisse assister à ce qu'avait connu l'Union soviétique après la chute de Khrouchtchev : vingt ans de stagnation jusqu'à l'arrivée de Gorbatchev. Ce serait la victoire des conservateurs. « Nous devons avoir à l'œil ces gens qui considèrent comme un espoir tout désastre pour la Chine », avait lancé Yan Jiaqi, qui, au printemps 1989, soutiendrait les étudiants. Wen Yuankai jugeait indispensable d'« étudier cette tournure d'esprit qu'on trouve dans la culture chinoise traditionnelle : se tenir toujours sur le côté et

1. Une grande partie du débat a été traduit en anglais dans le livre de Suzanne Ogden, Kathleen Hartford, Nancy Sullivan et David Zweig, *China's Search for Democracy: The Students and Mass Movement of 1989*, Abingdon, Routledge, 1992.

relever la faute des autres ; “rectifier” les hommes d’action qui ont commis des erreurs. Si vous avez fait dix choses mais une seule erreur, ils se fonderont sur cette erreur pour nier tous vos mérites. En revanche, ceux qui n’ont jamais rien entrepris ont toujours raison »...

Ce dialogue, parfois surprenant de clairvoyance, brosse le contexte des événements de 1989. La famille communiste est alors face à des choix cruciaux et profonds qu’elle tarde à faire : quelle est la meilleure voie pour résorber la crise économique et morale dans laquelle est tombé le pays ? Que penser de l’exemple du « grand frère », l’Union soviétique ?

Si les réformateurs penchent pour une démocratisation du régime et les conservateurs pour un retour au maoïsme des années 1950, certains intellectuels, réunis autour de Zhao Ziyang, prônent une forme de gouvernement autoritaire. À leurs yeux, un pays en voie de développement comme la Chine ne peut pas imiter l’Occident ; il doit d’abord tout miser sur sa croissance économique et, dans cette phase de modernisation, seul un régime fort saura maîtriser l’instabilité qui peut être provoquée par l’ouverture. La Chine n’est pas mûre pour la démocratie, jugent-ils. Ce courant, qu’on désigne sous le nom de néo-autoritarisme, lance un débat qui fait rage fin 1988 et début 1989, juste avant les événements du printemps. Deux de ses principales figures sont professeurs à Shanghai : Wang Huning – on le retrouvera conseiller du prince après la répression de juin 1989 et avant une ascension vers le sommet du pouvoir – et Xiao Gongqin. Leur pensée s'inspire de l'exemple des « quatre petits dragons » (Taïwan, Hong Kong, Corée du Sud et Singapour) qui obtiennent dans ces années-là un remarquable succès économique sans accorder aucune liberté politique. Elle puise aussi dans les travaux de Samuel Huntington, en particulier dans son livre *Political Order in Changing Societies* publié en 1968[1], mais traduit en chinois en 1988 : le politologue américain y défend l'idée que le développement économique peut provoquer, dans des périodes de transition, un chaos politique. La démocratie ne serait possible qu'une fois la modernisation économique réalisée avec l'avènement d'une classe moyenne éduquée.

Zhao Ziyang est séduit par le néo-autoritarisme. Un certain 6 mars 1989, à quelques semaines du début de la contestation, il fait part de sa découverte à Deng Xiaoping[2] : « Le principal point est qu'il devrait y

1. Pour une analyse complète du néo-autoritarisme en Chine, on peut se reporter au livre de He Li, *Political Thought and China's Transformation: Ideas Shaping Reform in Post-Mao China*, Basingstoke, Palgrave Macmillan, 2015.

2. Michel C. Oksenberg, Marc Lambert et Melanie Manion, *Beijing Spring 1989: Confrontation and Conflict – The Basic Documents*, Abingdon, Routledge, 1990, p. 125.

avoir une certaine étape dans le processus de modernisation d'un pays arriéré où la force motrice devrait provenir d'une politique d'un homme fort, et que la démocratie de style occidental ne devrait pas être adoptée. » Réponse de Deng : « C'est tout à fait mon idée. »

Les opposants au néo-autoritarisme soulignent de leur côté que la solution de l'homme fort n'a jamais marché au XXe siècle : la tentative de restauration impériale de Yuan Shikai, en 1915, s'est achevée par un affrontement entre seigneurs de la guerre ; Tchang Kaï-chek a tenté de mettre en place un mouvement inspiré par le fascisme italien avant d'être vaincu par les communistes à l'issue d'une guerre civile ; enfin, le totalitarisme de Mao Zedong a conduit à la Révolution culturelle.

Le débat fait couler beaucoup d'encre dans les revues et les journaux mais la mort de Hu, le 15 avril 1989, le relègue à l'arrière-plan. Le peuple entend rendre hommage à cet homme mesuré, comme il l'a fait pour Zhou treize ans auparavant. C'est, cette fois encore, sa façon d'exprimer son mécontentement vis-à-vis du régime. L'agitation part des campus de la capitale et débouche, cette fois encore, place Tiananmen.

Chapitre 5

Hommage spontané

Il n'est d'abord question que de rendre hommage au dirigeant apprécié. Deux jours après la mort de Hu Yaobang, dans l'après-midi du 17 avril, les étudiants marchent depuis le quartier des universités, dans le nord-ouest, jusqu'à la place Tiananmen, un parcours de dix-huit kilomètres. Les manifestants ne se soucient pas de mobiliser au-delà de leur cercle : durant la marche, ceux qui se trouvent sur les côtés du cortège tendent une ficelle rose destinée à séparer les manifestants des simples passants. Le mouvement reste catégoriel.

> « Ils ne voulaient même pas que quelqu'un marche à côté d'eux », témoigne Kaiser Kuo, vingt-trois ans à l'époque, un Sino-Américain qui anime aujourd'hui un podcast spécialisé sur la Chine. Pendant peut-être au moins un pâté de maisons, je cheminais à côté d'eux, leur demandant quelles étaient leurs revendications et

ce qu'ils avaient comme objectifs, mais on m'a demandé tout simplement de foutre le camp[1].

Retranchés dans leur palais place Tiananmen, tous les dirigeants ont évidemment en tête le précédent d'avril 1976. Les conservateurs craignent que la situation dégénère et que le chaos s'installe. L'hommage ne doit à aucun prix se transformer, comme après la mort de Zhou Enlai, en un mouvement critique du régime. Dans un premier temps, le sommet de l'État ne laisse rien paraître. Certes Hu avait été limogé après des manifestations étudiantes, mais il avait conservé sa place au sein du Bureau politique. C'est d'ailleurs lors d'une de ses réunions qu'il a eu son malaise fatal. Il est donc tout à fait normal que le Parti participe à l'hommage et même l'organise. Un Bureau est opportunément mis en place pour les préparatifs des funérailles, avec six groupes satellites dont chacun se voit attribuer une fonction spécifique : « secrétariat », « sécurité », « affaires générales », « communication », « relations extérieures », « masses »[2]. Rien n'est

1. Kaiser Kuo, « Kuora: The Unlikely Confluence of Events that Led to the 1989 Tiananmen Square Protests », 4 juin 2018, sur le site Supchina.

2. Cette partie se fonde sur un récit extrêmement détaillé et précieux publié en mars 2015 dans la revue *Yanhuang Chunqiu* (*Les Annales de la Chine*) : Li Ping, « Souvenirs des funérailles de Hu Yaobang ».

laissé au hasard, dans la hantise que 1976 ne se répète.

Cependant, l'ordonnancement des funérailles donne lieu à des ordres et des contrordres qui montrent l'embarras du Parti et témoignent du désaccord entre réformateurs et conservateurs. Comment célébrer les idées et les actes de Hu Yaobang ? On autorise les commémorations dans les unités de travail. On prévoit même d'exposer le corps pendant deux jours au palais de l'Assemblée du Peuple, les 21 et 22 avril, pour permettre au public de rendre hommage à Hu : pas moins de cent mille personnes pourraient être accueillies. Les funérailles proprement dites seront organisées le 22, retransmises en direct par la télévision et la radio nationales…

Pourtant, le 17, coup de théâtre : ordre est donné de s'en tenir strictement aux funérailles du 22. Plus question d'hommage public. L'agitation étudiante qui point sur les campus après l'annonce du décès de Hu semble inquiéter le sommet du pouvoir.

Preuve du malaise : *Le Quotidien du Peuple* publie en première page une photo des couronnes déposées par les étudiants au pied du Monument aux Héros du Peuple sur la place Tiananmen, provoquant l'exaspération du courant conservateur, dont Li Peng est un des chefs de file. Tout juste de retour d'une visite au Japon, il couche ses inquiétudes dans son journal intime : « Les étudiants pourraient prendre cette manchette comme un encouragement », et d'ajouter : « Je ne peux pas m'empêcher de penser à l'incident de Tiananmen le 5 avril 1976. »

Le 20 avril, un document du ministère de la Sécurité d'État, qui rend compte de la situation, évoque une place « en ébullition », expliquant qu'on y entend toutes sortes de propos. Et cite une intellectuelle d'un certain âge :

> Personne ne s'occupe de ce genre de chose ? Maintenant on a collé des affiches sur le Monument aux Héros du Peuple qui disent que des étudiants ont été battus et qu'ils sont détenus par la police. Nous ne savons pas si c'est vrai ou pas. De fait, c'était pareil lors du mouvement du 5 avril 1976[1].

Ainsi, le peuple de Pékin fait, lui aussi, le rapprochement avec les événements survenus douze ans plus tôt…

C'est donc dans une ambiance tendue et dans un climat de division que la famille communiste se réunit, le 22 avril, au palais de l'Assemblée du Peuple, place Tiananmen, pour rendre hommage à l'un des siens. Si le corps de Hu a été recouvert du drapeau rouge avec la faucille et le marteau, le pouvoir a hésité sur la qualification à employer dans le texte officiel annonçant

1. Zhang Liang, *Les Archives de Tiananmen*, *op. cit.*, p. 89.

sa mort. Deng Xiaoping a refusé que l'on emploie l'expression « grand marxiste », suggérant qu'il avait failli dans sa mission[1]. Dans son oraison funèbre, le numéro un du Parti, Zhao Ziyang, se contente de saluer « un combattant communiste fidèle entre les fidèles, un grand révolutionnaire et homme politique prolétarien ». Il vante également son travail idéologique depuis le lancement de la politique de réforme et d'ouverture, sa volonté de libérer la pensée, son souhait aussi de réhabiliter les cadres ou les intellectuels victimes des campagnes maoïstes, celles de 1957 contre les « droitistes » ou celles de la Révolution culturelle. Même les adversaires de Hu sont présents, comme l'un des chefs de file de l'aile dure, le Premier ministre Li Peng. Seul manque à l'appel Chen Yun, qui est souffrant. Au milieu – place parfaite pour celui qui tente de manœuvrer entre les deux camps, ayant à cœur de ne pas sacrifier la politique de réforme et d'ouverture qu'il a lancée en 1978 – trône Deng Xiaoping.

Deng, dans son rôle de « parrain », a toujours joué un rôle ambigu. Opposé à un retour de l'orthodoxie sur le plan économique, il refusait le contrôle des prix et des entreprises cher aux conservateurs. En cela, il

1. Li Peng le mentionne dans son journal, intitulé *Guanjian shike* (*Les Moments décisifs*) et publié en chinois en 2010 aux États-Unis, aux éditions West Point Publishing House.

était loin d'un Chen Yun pour qui l'économie planifiée à la soviétique était le seul modèle. Mais il prêtait l'oreille aux conservateurs sur les questions idéologiques.

Aussi, en ce 22 avril, derrière les mines de circonstance, est-ce bien une famille profondément divisée qui se rassemble pour la dernière fois avant la répression du 4 juin. 1988 a été l'année de tous les dangers, les tensions sociales et économiques ont été vives, poussant les camps à s'affronter : ceux qui veulent aller plus loin dans les réformes et ceux qui cherchent à tout geler.

Une fois le discours achevé, Deng Xiaoping est le premier à aller s'incliner devant le corps de Hu. La photo fera la une du *Quotidien du Peuple* le lendemain.

À l'extérieur, des dizaines de milliers d'étudiants se sont regroupés pacifiquement autour du palais de l'Assemblée du Peuple. Ils sont assis. Mais lorsque la cérémonie commence, retransmise par les haut-parleurs disposés sur la place, ils se lèvent et commencent à chanter *L'Internationale*. Certains pleurent. La chaleur de la foule contraste avec la froide componction à l'intérieur. Deng Xiaoping s'enquiert du bruit qui parvient du dehors. Il s'approche des fenêtres, voit la foule. Un camarade des premiers temps de la révolution s'approche : « Ils nous appellent dictateurs, s'emporte-t-il, ajoutant : Ils t'appellent empereur ! » Un moment décisif. Deng ne supporte pas qu'on le désigne comme un despote[1]. Wei Jingsheng, la figure du premier printemps de Pékin en 1979, en avait payé le prix : quinze ans de prison.

Ce 22 avril, en larmes, une vieille femme, ancienne responsable de la Ligue de la jeunesse dans les années 1950, s'adresse à un journaliste qui s'apprête à participer à la cérémonie officielle : « À l'intérieur, ce sont des funérailles, mais à l'extérieur les sentiments sont plus véritables. Quand il s'agit de mesurer la valeur de quelqu'un, seul compte l'avis du peuple ! Du peuple[2] ! » Ge Yang, responsable du magazine libéral *Xin Guancha* (*Nouvel Observateur*), qui a assisté aux funérailles à l'intérieur parmi les quatre mille invités, est également bouleversée par la situation. Frappée par l'antagonisme qu'elle ressent physiquement, elle écrit un poème qu'elle intitule « De ce côté-ci et de l'autre » :

Une terre est divisée
Par un mur de force brutale
De ce côté-ci, un iceberg d'indifférence

1. La scène se trouve dans l'autobiographie de Chai Ling, *A Heart for Freedom*, Carol Stream, Tyndale House Publishers, 2011, p. 95.

2. Citée dans un témoignage écrit par Shi Liang, publié en 2004 dans la revue *Yanhuang Chunqiu*.

De l'autre, une mer de vrais sentiments
Le corps de Yaobang est de ce côté-ci
Mais son esprit se trouve de l'autre
Nous venons tous de l'autre côté
Sans lui, il n'y aurait pas d'ici[1].

À l'issue des funérailles, trois étudiants sont parvenus à franchir les cordons des forces de sécurité et se sont dirigés vers les marches donnant accès au bâtiment. Ils se sont agenouillés. L'un tend à bout de bras une grande feuille de papier sur laquelle sont inscrites sept revendications issues des réunions qui ont eu lieu à la suite des manifestations[2] :

> liberté et démocratie, répudiation complète de tous les efforts menés pour « éliminer la pollution spirituelle » ;
> levée des interdictions touchant les journaux et mise en place de la liberté de la presse ;
> démission des membres du gouvernement ayant commis des fautes graves ;
> soumission du gouvernement central à un vote de confiance populaire ;

1. Cité dans Yang Jisheng, *Zhongguo gaige niandai de zhengzhi douzheng* (*Les Luttes politiques en Chine à l'ère des réformes*), *op. cit.*, p. 398.
2. Le texte est cité par Jean-Philippe Béja, Michel Bonnin et Alain Peyraube dans *Le Tremblement de terre de Pékin*, Paris, Gallimard, 1991, p. 167-168.

publication des revenus des dirigeants et de leurs enfants ;
libération inconditionnelle des prisonniers politiques.

Ils réclament qu'on les laisse remettre leur pétition au Premier ministre Li Peng. Ce dernier a quitté la cérémonie depuis longtemps. Le premier acte du divorce est consommé. En ce 22 avril, quand apparaît au grand jour la division entre la jeunesse et le régime, se dissimule encore, pour quelque temps, celle qui traverse le Parti communiste lui-même. À l'intérieur et à l'extérieur du palais de l'Assemblée du Peuple, sous le deuil, émergent tensions et colère. Les protagonistes de la tragédie dont le dénouement interviendra le 4 juin au matin sont à quelques centaines de mètres les uns des autres, à Tiananmen, au cœur de Pékin.

Chapitre 6

Un nouveau 4 mai

Les étudiants se présentent comme des patriotes héritiers de leurs aînés du 4 mai 1919, qui avaient défilé, sur la même place, contre la société traditionnelle, pour la science et la démocratie, et contre les puissances impérialistes, et qui sont représentés sur l'une des faces du Monument aux Héros du Peuple édifié par le régime communiste à Tiananmen. Soixante-dix ans plus tard, le 4 mai 1989, un étudiant de vingt et un ans, pékinois d'origine ouïghoure, une ethnie du nord-ouest de la Chine, Wu'er Kaixi, prend la parole afin de déclamer un nouveau « manifeste du 4 mai » signé de « l'Association autonome des étudiants de Pékin » :

> Si nous nous retrouvons ici aujourd'hui, ce n'est pas seulement pour commémorer ce grand jour, mais surtout pour développer plus avant l'esprit démocratique et scientifique du 4 mai. Aujourd'hui, devant Tiananmen,

> ce symbole de notre vieille nation, nous pouvons affirmer avec fierté devant le peuple du pays tout entier que nous ne sommes pas indignes des précurseurs d'il y a soixante-dix ans[1].

Les étudiants ne se voient pas comme des adversaires du régime communiste, ils ont, affirment-ils, le même objectif que leurs ancêtres avec ce « plus grand mouvement étudiant démocratique et patriotique depuis le 4 mai » : la modernisation du pays et « la renaissance de la nation chinoise ». Mais, pour y arriver, arguent-ils, il convient de se débarrasser du « féodalisme », de protéger les droits de l'homme et de renforcer le système légal.

> C'est pourquoi nous avons demandé instamment au gouvernement d'accélérer le rythme de la réforme du système économique et politique, de prendre des mesures appropriées, de garantir les droits du peuple stipulés par la Constitution, de réaliser une loi sur la presse, d'autoriser des journaux non officiels, d'éradiquer l'affairisme bureaucratique, de renforcer la construction d'un gouvernement honnête, d'accorder de l'importance à l'éducation et au savoir, de fonder son action sur la science.

1. Jean-Philippe Béja, Michel Bonnin et Alain Peyraube, *Le Tremblement de terre de Pékin*, *op. cit.*, p. 133.

Ils enfoncent le clou :

> Un système politico-économique qui a depuis longtemps un caractère féodal ainsi que la civilisation rurale qui lui sert de base ont eu une influence considérable et continueront à influer considérablement sur notre modernisation.

Cette référence au 4 mai, on la retrouve, un an auparavant, en juin 1988, dans une série télévisée qui a suscité l'enthousiasme d'une grande partie de la jeunesse et des réformateurs, au grand dam des conservateurs du régime. Elle s'intitule *Élégie du fleuve*. Ce documentaire en six épisodes, diffusé par la télévision publique, est hanté par la question qui n'a cessé de se poser à la Chine depuis la fin du XIXe siècle, celle du déclin. Pourquoi un pays autrefois au firmament a-t-il été supplanté par les puissances occidentales ? Pourquoi ces dernières ont-elles su utiliser les découvertes en provenance de Chine, telles que la boussole, l'imprimerie, le papier et la poudre à canon, pour asseoir leur domination et envahir l'empire du Milieu ? Une « civilisation bleue », voguant sur les océans et ouverte au commerce international, a eu raison de la « civilisation jaune », reposant sur une économie agricole (la « terre jaune ») et un gouvernement bureaucratique. Un combat inégal, comme la rencontre entre « la glace et des charbons ardents ».

Cette élégie naît d'une analogie entre le destin du pays et celui du fleuve Jaune, le berceau du monde chinois, qui a permis l'émergence d'une grande civilisation agricole mais a aussi accouché du « despotisme oriental ». Ces dynasties se lèvent puis s'effondrent les unes après les autres, entraînant des désordres sociaux : une malédiction pour Su Xiaokang, le scénariste de la série.

> Le fleuve Jaune tyrannique ne peut pas nous apprendre ce qu'est la véritable démocratie [...]. Des décennies d'oppression politique nous ont rendus craintifs, cela a empêché la démocratisation[1].

Mais, à l'heure où la Chine s'ouvre, suggère le documentaire, tout peut changer : les intellectuels ont la mission historique d'implanter la science et la démocratie sur la terre jaune. Et les entrepreneurs ont également la tâche de mener l'indispensable réforme économique. Pour Su Xiaokang, 1988 est « l'année du cri », un moment charnière où les réformes doivent encore aller plus loin. Il s'exprime ainsi alors que les

1. Lors du mouvement de Tiananmen, Su Xiaokang signe un texte de soutien aux étudiants, appelant le pouvoir au dialogue. Après le 4 juin, il est accusé d'avoir été un des organisateurs du mouvement et recherché pour avoir « favorisé la propagande antirévolutionnaire ». Il échappe aux poursuites et s'exile d'abord en France, puis aux États-Unis.

conservateurs semblent avoir repris le dessus après la démission forcée de Hu Yaobang. 1988 est aussi l'année du dragon, porteuse de malheurs selon les plus superstitieux.

Après l'échec du maoïsme, c'est une nation pauvre et isolée qui s'ouvre au monde et se pose les mêmes questions que les Chinois de la fin du XIXe siècle. *Élégie du fleuve* évoque la vogue des « études nationales » dans les années 1980 – un retour passionné aux études classiques après leur bannissement sous la Révolution culturelle – et renvoie dos à dos ceux qui plaident pour une « occidentalisation » et ceux qui ne rêvent que d'une « troisième vague confucéenne » pour régler les problèmes du pays. Elle se veut le fossoyeur de la société féodale rendue responsable de tous les maux, pointant en particulier une propension à être gouvernée par un homme fort, le dernier en date étant Mao. Cette « culture du dragon qui symbolise l'autorité suprême [1] » dans laquelle on est condamné à être soit un « sujet obéissant », soit un « rebelle téméraire » entraîne des crises à répétition. Le documentaire est une apologie à la fois de la réforme économique – la libéralisation des prix, dont les conséquences

1. C'est ce que Su Xiaokang explique à la journaliste Verna Yu, « Writer Su Xiaokang Wants to "Probe the Legitimacy of the Party" and "Slay the Dragon of Mao" », *South China Morning Post*, 14 juillet 2013.

nourrissent les manifestations de 1989, est présentée comme une mesure douloureuse mais nécessaire – et du changement politique.

> Ce qui nous réjouit, s'enthousiasme le narrateur, alors qu'apparaissent les images de Deng Xiaoping et de Zhao Ziyang, c'est qu'après la réforme économique, nous avons commencé une réforme politique. Aujourd'hui, à l'Assemblée nationale, il est possible de voter contre, ce n'est pas facile mais qui peut dire que ce n'est pas un progrès ! Quels que soient les obstacles ou les dangers que cette réforme peut rencontrer, nous devons aller de l'avant.

Et la voix ajoute : « Nous devons aller de l'avant pour rompre le cycle historique récurrent. » Une prédiction trop optimiste un an avant le grand bouleversement du printemps 1989 : la série apparaît aujourd'hui comme le chant du cygne de la faction réformatrice du Parti communiste chinois représentée par Zhao Ziyang.

En juin 1989, juste après la répression, lors de la réunion du Parti communiste qui acte l'exclusion de Zhao, un dirigeant conservateur ne s'y trompe pas. Il cite *Élégie du fleuve* comme une des pièces du dossier d'accusation, jugeant que la série orchestrait une sorte de « culte de la personnalité » du secrétaire général déchu :

> Regardez-moi cette *Élégie du fleuve*, ça me rend cinglé ! Qu'est-ce que c'est que ces âneries de « civilisation bleue » ? Une tentative évidente d'instaurer l'autorité de Zhao Ziyang. Et le camarade Xiaoping dans tout ça ? Le pire, c'était le gros plan sur Zhao Ziyang avec la sentence « Une nouvelle ère commence ». C'est on ne peut plus évident qu'il faisait la promotion de l'évolution pacifique bourgeoise. La leçon évidente de cette affaire est extrêmement profonde : Zhao Ziyang est l'exemple parfait de ceux qui, au sein de notre parti, prônent purement et simplement la libéralisation bourgeoise[1].

Le 21 mai déjà, lors d'une réunion entre sept anciens révolutionnaires et Deng Xiaoping, il avait été question de la série et de Zhao : « Zhao Ziyang n'a rien à faire de gens comme nous depuis longtemps. Le camarade Xiaoping l'a tellement soutenu, il l'a formé, et tout ce qu'il trouve à faire, c'est se rebeller. *Élégie du fleuve*, la série télévisée qui a eu tant de succès l'année dernière, a été réalisée à sa gloire. Le camarade Xiaoping n'y est jamais apparu. Il n'y en avait que pour Zhao Ziyang. J'étais contre dès le début. C'est quoi cette civilisation "bleue", cette civilisation "de la mer" qu'ils montent en épingle ? C'est

1. Zhang Liang, *Les Archives de Tiananmen*, *op. cit.*, p. 575-576.

une civilisation de bandits, une logique de bandits, rien d'autre. Quand une émission pareille passe à la télévision, et même deux fois, si ce n'est pas pour créer un culte de Zhao Ziyang, c'est pour quoi ? » s'emporte un des participants, Wang Zhen. L'un des responsables de la télévision publique chinoise avait eu raison en mettant en garde Su Xiaokang contre les réactions des deux « vieux » : à la fois le peuple (en chinois, les vieux cent noms, le *laobaixing*) et la vieille garde du Parti communiste[1].

Si les étudiants tentent de faire revivre l'esprit du 4 mai 1919, une partie des dirigeants communistes associe immédiatement leur mobilisation au souvenir des violences de la Révolution culturelle. Tout ce qui ressemble de près ou de loin à de l'enthousiasme juvénile les effraie. Par exemple, lorsque dans la nuit du 19 au 20 avril, des incidents éclatent à la Porte de la Chine nouvelle, qui donne accès à Zhongnanhai, le cœur même du pouvoir en Chine, là où travaillent et habitent les hauts dirigeants. Du jamais-vu, même pendant la Révolution culturelle, s'inquiète Li Peng dans son journal, à qui la comparaison vient naturel-

1. Joël Thoraval évoque cette anecdote dans un article publié en novembre 1989 par le *Bulletin de sinologie*, « La tradition rêvée : Réflexions sur l'*Élégie du fleuve* de Su Xiaokang » (nº 61, p. 18-32).

lement. À plusieurs reprises, dans son texte écrit en 2003, l'ancien Premier ministre fait mention de cette période historique honnie. Le 23 avril, il évoque des destructions de magasins et des pillages à Changsha, dans le Hunan, où des policiers ont été blessés en tentant d'intervenir. Là encore, le spectre de la Révolution culturelle hante ses réflexions :

> Pendant la Révolution culturelle, les ouvriers ont arrêté de travailler, les paysans ont cessé de cultiver, les étudiants n'allaient pas en cours, cela a été le chaos complet pendant dix ans. Le peuple a souffert, le pays a connu une catastrophe, on ne peut pas permettre qu'une telle tragédie se répète.

Quand les étudiants tentent de lui remettre leur pétition lors des funérailles de Hu Yaobang, il y voit une manœuvre digne des gardes rouges :

> La principale demande concerne la réévaluation du camarade Hu Yaobang [...], mais c'est un problème qui concerne le secrétaire général et le Parti, Hu Yaobang n'avait aucune responsabilité au sein du gouvernement, pourquoi adresser cette demande au Premier ministre ? À mon avis, tout cela est prémédité, je suis leur cible, ils veulent me mettre en première ligne. C'était une des méthodes habituelles des factions rebelles, je connais tout ça. À cette époque, les rebelles désignaient d'abord

un dirigeant, le mettaient sur le devant de la scène pour s'attaquer à lui.

Mais si la situation échappe au régime et qu'aux yeux des conservateurs le désordre s'installe, c'est que l'État-Parti est paralysé car divisé. D'un côté, le camp des anciens, soutenus par l'aile conservatrice du pays, représentée par le Premier ministre Li Peng, bouc émissaire des étudiants : il prône le retour à l'ordre et la fin de l'occupation de la place. De l'autre, celui des réformistes, mené par le secrétaire général du Parti communiste Zhao Ziyang.

Le mouvement étudiant fait tache d'huile. Dans de nombreuses villes chinoises, des manifestations ont lieu. Et la contestation s'étend désormais à tous les secteurs. Même à l'intérieur de l'appareil du Parti, les interrogations émergent. Le plus remarquable est que, au sein même de la machine gouvernementale, des cadres prennent position pour les étudiants. Gao Wenqian a trente-six ans à l'époque. Il occupe un poste stratégique mais peu connu car il se doit de rester discret : historien au sein de l'office de recherches pour la documentation auprès de la direction du Parti communiste, il compile les archives des hauts dirigeants. Parmi ses sujets d'étude, Mao Zedong et Zhou Enlai. Une tâche de la plus haute importance pour le Parti, qui prend soin de contrôler la biographie de ses grands hommes afin d'en donner la version congruente avec les objectifs politiques du moment. Gao Wenqian a accès à des documents précieux qui lui permettent de comprendre ce qui s'est passé pendant la Révolution culturelle. Le mouvement des étudiants le touche[1]. Il se sent attiré par leurs desseins de justice et d'égalité. Il en vient même à rédiger une pétition au nom de son unité de travail : il réclame que soit désavoué le jugement de l'éditorial du *Quotidien du Peuple* affirmant que le mouvement étudiant est « contre-révolutionnaire », et qu'au contraire soit affirmé son caractère « patriotique », car, juge-t-il, les étudiants se battent pour la justice et la fin de la corruption. Il utilise une expression chinoise : « Placer l'honnêteté avant la famille. »

Un moment en particulier a ému Gao Wenqian. Le 27 avril, lors d'une des plus grandes manifestations à Pékin (les jeunes avaient pu briser les cordons établis par la police armée afin de les empêcher d'accéder au centre de la ville), il est allé voir le défilé. Que de monde ! Il est impressionné. Aucune université n'est absente, en tête défile la délégation de Qinghua, l'une des plus prestigieuses de Pékin, qui compte des professeurs âgés ; ces vieux lettrés tiennent une banderole

1. Gao Wenqian, « Wo suo jinglide liusi » (Mon 4 juin), article publié sur le site du Centre indépendant PEN chinois le 26 mai 2016.

sur laquelle est écrit : « Nous nous sommes longtemps agenouillés, aujourd'hui nous nous réveillons et nous marchons. » « À ce moment-là, j'ai eu le sentiment que la pensée était libérée », raconte l'archiviste des années plus tard[1].

S'il y a une bataille des références entre les deux camps en présence – 4 mai 1919 contre Révolution culturelle –, il y a aussi une bataille des monuments : elle a lieu quelques jours seulement avant la répression, le 29 mai au soir. Une dizaine d'étudiants de l'École des beaux-arts ont édifié pendant la nuit une Déesse de la Démocratie. Juste en face du portrait de Mao. Ils ont transporté sur des triporteurs des morceaux de la statue, des morceaux de polystyrène qu'ils ont assemblés ensuite devant les manifestants et les journalistes étrangers.

Dans le *Wall Street Journal*, une journaliste américaine fait référence immédiatement à la Statue de la Liberté[2]. Elle voit dans cette œuvre, plutôt ratée d'un point de vue esthétique, « l'un des signes les plus forts de la volonté chinoise de rejoindre le monde démocratique ». L'effigie « tient la torche à deux mains, ce qui dans une ville soumise à la loi martiale est un signe de

1. *Id.*
2. Claudia Rosett, « Miss Liberty Lights Her Lamp in Beijing », *Wall Street Journal*, 31 mai 1989.

prudence ». « Le peuple chinois a planté sa propre version du phare le plus puissant de la liberté », s'enflamme-t-elle. Les autorités chinoises dénoncent, elles, une « abomination ». « Nous sommes en Chine, pas en Amérique », souligne un communiqué officiel. Une manière de relever les ressemblances avec la Statue de la Liberté. Les étudiants avaient pourtant fait attention à ne pas strictement copier ce prestigieux modèle.

L'un des dirigeants étudiants, Shen Tong, assiste à son édification. L'œuvre à ses yeux évoque immédiatement les États-Unis, car il a déposé une demande pour s'y rendre :

> Le soleil se levait et on venait de démonter l'échafaudage entourant la déesse. Je pus enfin contempler la silhouette blanche se découpant sur le soleil levant et je me sentis totalement en harmonie avec ce qui m'entourait. Pékin était ma ville, j'y avais passé toute ma vie. La place Tiananmen était à présent notre ville. Nous avions dressé la Déesse de la Démocratie face au portrait du président Mao suspendu à la Porte de la Paix céleste. Ma place est ici, me dis-je. Comment puis-je m'en aller [1] ?

Tiananmen est en effet devenu leur ville. Pour la première fois – et sans doute la seule fois dans

1. Shen Tong, *Presque une révolution*, *op. cit.*, p. 311.

l'histoire de la Chine communiste – la place a changé de propriétaire.

En mai 1981, profitant du climat de liberté, un architecte iconoclaste, Luo Jianmin, avait osé souligner ce qui justement ressemblait d'ordinaire à une cruelle absence du peuple[1]. Dans un article, il explique que l'endroit présente trois défauts majeurs. Tout d'abord, la fonction politique du lieu s'impose au détriment des autres. Certes, Tiananmen est le cœur politique du pays, mais qui profite des magnifiques défilés et autres parades organisés régulièrement ? Sûrement pas ceux qui y participent, mais bien les dirigeants placés sur la tribune, spectateurs privilégiés. « Quant aux milliers et milliers de participants perdus dans une mer de drapeaux et de banderoles sous un soleil de plomb, ils ne peuvent rien voir. » Ensuite, ces bâtiments qui cernent la place sont avant tout politiques et commémoratifs, « monotones » à en mourir. Il faudrait des édifices réellement au service du peuple, des lieux culturels ou qui abritent des services publics. Enfin, ce lieu représente une perte incommensurable d'espace quand on aurait pu y mettre des arbres, des fontaines, des théâtres ou des clubs pour les jeunes, des sculptures ou des expositions…

1. Cité par Chang-tai Hung, *Mao's New World: Political Culture in the Early People's Republic*, *op. cit.*, p. 48.

Au printemps 1989, en l'occupant, les étudiants réalisent ses désirs. À partir du 13 mai, qui marque le début de la grève de la faim, l'occupation est permanente : on dort sur place. Des tentes de toile sont dressées. Au pied du Monument aux Héros du Peuple, entourés par des cordons de sécurité, se trouvent les dirigeants étudiants. Plus au nord, sur l'avenue Chang'an, des autobus ont été disposés dans lesquels se trouvent les étudiants qui jeûnent. Au nord-ouest, ce sont les tentes de la toute nouvelle Association autonome des ouvriers. Au tableau, il faut ajouter des étudiants venus de province de plus en plus nombreux, encore plus déterminés que ceux de Pékin. La fatigue s'installe au fil des jours, puis des semaines. Certains évoquent un camp de réfugiés. C'est le titre d'un texte paru dans le journal des étudiants de Beida, *Le Moniteur de la presse* :

> Bien que la plupart de ceux qui l'occupent soient des étudiants, la fierté de l'époque, à les voir, on ne le dirait vraiment pas : la fatigue a effacé le rouge du visage des jeunes filles, la poussière a gommé la détermination du front des jeunes gens ; à chaque drapeau rouge correspond un tas d'ordures, et sous les bannières qui flottent au vent, des seaux d'eaux usées dégagent une puanteur qui prend à la gorge[1].

1. Jean-Philippe Béja, Michel Bonnin et Alain Peyraube, *Le Tremblement de terre de Pékin*, *op. cit.*, p. 330.

Un lycéen français en visite à Pékin pendant un an pour apprendre le chinois prend l'habitude de s'y rendre :

> Pour y accéder, on passait par cette espèce de tunnel sous Chang'anjie (avenue de la Paix éternelle), qui était dans un état immonde de saleté, d'odeurs, de tout… Et quand on arrivait sur place, la gorge piquait. Les étudiants, dès qu'ils voyaient des étrangers, leur demandaient de signer n'importe quoi, des livres, des papiers, des tee-shirts. Ils nous faisaient inscrire notre nom et nous demandaient d'écrire quelque chose. Moi, c'était simple, je leur marquais tout le temps : « Ce n'est qu'un début, le combat continue. » En fait, 1968 n'était pas si loin. C'était formidable, c'était comme une kermesse, il y avait des chanteurs avec des guitares qui se relayaient sans cesse. Parfois, le chanteur tendait son micro à quelqu'un dans la foule, qui venait chanter des chansons de son pays, ou un air folklorique, ou *L'Internationale*, qui était reprise par une foule énorme. On voyait des couples enlacés sous les tentes, il y avait des vendeurs de *qishui*, des sortes de Fanta orange, et des tas de petits marchands. La place était un souk absolument indescriptible. Ils vivaient sous les tentes, ainsi que dans des autobus, que des usines avaient installés pour eux [1].

1. *Mourir place Tiananmen, Des lycéens français témoignent*, Paris, Olivier Orban, 1990, p. 87-88.

La place, pensée pour être le théâtre du pouvoir, devient pendant quelques semaines une agora, où le peuple s'exprime sans restriction. Vingt-huit ans plus tard, Wang Dan, l'un des meneurs, y verra une préfiguration des mouvements Occupy Wall Street ou des Indignés en Espagne. C'est en tout cas une « ville libre » que découvre Cai Chongguo, professeur de philosophie à la faculté de Wuhan venu à Pékin :

> On pouvait librement discuter, prendre la parole dans la rue, la presse et la télévision en rendaient compte, avant que ne soit promulguée la loi martiale. C'était la première fois depuis 1949 que la liberté de la presse s'exerçait à nouveau. Cela a duré en tout et pour tout vingt-trois jours[1] !

L'une des revendications du mouvement est la liberté de la presse. Pendant quelques jours, les médias officiels, *Le Quotidien du Peuple* ou CCTV, se débarrassent de leurs chaînes. Feng Congde, un autre meneur du mouvement, mari de la pasionaria Chai Ling, évoque dans ses souvenirs « une République sur la place ». Une République qui organise même une cérémonie de mariage : celle entre un des dirigeants

1. Cai Chongguo, *J'étais à Tiananmen*, Bègles, L'Esprit du temps, 2009, p. 45.

étudiants, Li Lu, et sa fiancée venue de Nankin. Feng Congde et Chai Ling sont les témoins. Dans le climat de tension – les dirigeants étudiants nourrissent à cette date le projet d'entrer en clandestinité –, la cérémonie est une oasis : les deux jeunes gens, suivis par une fanfare, se rendent au Monument aux Héros du Peuple, où leur union est prononcée. Un certificat portant le sceau du Comité de la grève de la faim leur est remis. Pas de gâteau pour les amoureux, mais une pastèque, le fruit que l'on mange à Pékin pour calmer la soif. La scène est romantique ; sur fond de coucher de soleil, Li Lu lance à la foule qui a entonné la marche nuptiale : « Nous devons nous battre – mais nous devons aussi nous marier[1]. »

Cependant, sur la place Tiananmen, l'organisation du mouvement n'est pas aussi simple qu'une cérémonie de mariage. Le temps joue en faveur des jusqu'au-boutistes : se retirer de la place sans avoir obtenu de concessions de la part du régime devient de moins en moins concevable. Des rivalités émergent entre les associations, qu'il s'agisse de la Fédération autonome des étudiants de Pékin, du Comité de la grève de la faim ou de la Conférence commune de la capitale, cette dernière réunissant notamment des figures du mouvement du 5 avril 1976, des intellectuels et des

1. La scène est racontée par Chai Ling dans son autobiographie *A Heart for Freedom*, *op. cit.*, p. 157.

universitaires. Feng Congde et Chai Ling sont même l'objet d'une tentative d'enlèvement de la part d'un rival évincé peu auparavant. Chai Ling pense à des tueurs envoyés par le gouvernement. Elle demande de l'aide. La tentative est déjouée[1]. Certains appellent à évacuer la place et à mener un mouvement de contestation partout ailleurs, d'autres refusent cette hypothèse.

Fin mai, la place n'a plus rien d'une agora festive ou d'une ruche bourdonnante. C'est un camp retranché. L'heure de l'affrontement approche.

1. *Ibid.*, p. 181.

Chapitre 7

Fermeté et loi martiale

An 2185 : une jeune femme de vingt-neuf ans gouverne la Chine. Le calme règne dans le vaste pays jusqu'à ce qu'un individu connu sous le numéro de matricule « M102 » parvienne à s'emparer du cerveau de Mao. Grâce à la réplique virtuelle du Grand Timonier qu'il a confectionnée en s'introduisant dans son mausolée, « M102 » tente de fonder une nouvelle République qu'il baptise « Huaxia » – une expression évoquant les ancêtres des Han vivant le long du fleuve Jaune, utilisée aujourd'hui pour désigner le monde chinois bien au-delà des frontières de la République populaire de Chine – et qui se compose de citoyens eux aussi virtuels, reliés par les ordinateurs. Consciente du danger que représente cet embryon de contre-pouvoir, la jeune dirigeante mate la rébellion en ayant recours à une mesure radicale : elle coupe l'électricité dans tout le pays. Le gouvernement parallèle est anéanti.

Voilà la matière d'un étonnant roman de science-fiction intitulé *Zhongguo 2185* (*Chine 2185*) écrit en février 1989, soit quelques mois avant les événements qui conduisirent les étudiants à occuper la place et à faire vivre pendant quelques semaines une société autonome, effacée elle aussi du jour au lendemain. Son auteur, Liu Cixin, est devenu, depuis, l'une des figures de la nouvelle vague de la science-fiction chinoise.

La vie de Liu Cixin, écrivain reconnu et même traduit à l'étranger, notamment en France, aurait été tout autre si ce texte avait été publié. Mais l'auteur est toujours resté discret à son propos. Aujourd'hui, le roman ne circule que sur le Net et seuls quelques *happy few* l'ont lu. Liu Cixin a en effet été rattrapé par la réalité : quelques mois après qu'il a couché sur le papier cette histoire de rébellion interrompue, une expérience politique alternative est subitement arrêtée au cœur du pays, à quelques pas des lieux du pouvoir. Certes les étudiants ne sont jamais allés jusqu'à occuper le mausolée de Mao, mais cette histoire en rappelle une autre bien réelle : en plein mouvement de contestation, le 23 mai 1989, trois jeunes idéalistes nourris de littérature et de poésie, venus du Hunan comme Mao, ont jeté des œufs remplis d'encre et de peinture sur le portrait du Grand Timonier. Sacrilège ! Le service d'ordre étudiant les a remis aux autorités, postulant, devant l'audace du geste, qu'il ne pouvait s'agir que de provocateurs à la solde du pouvoir.

Les trois jeunes gens, Lu Decheng, Yu Dongyue et Yu Zhijian, ont payé cher la paranoïa des leaders étudiants : ils ont été condamnés à des années derrière les barreaux. L'un d'eux a souffert de graves séquelles psychologiques dues aux mauvais traitements qu'il a subis en prison[1]. Cette décision trop rapide hante les anciens de Tiananmen et les remplit aujourd'hui encore de honte. En 2010, Wang Dan, l'une des figures du printemps de Pékin, déclarait à propos du trio : « Chaque fois que je les vois, je me sens coupable. »

Le roman de Liu Cixin a un mérite : il rappelle à quel point, en cette année 1989, l'imagination est politique. On dit que son auteur ne cesse de le retoucher : curieux sentiment de vertige que de travailler, après les événements, un texte qui les préfigurait ! De la science-fiction à l'uchronie, il n'y a qu'un pas. Faisons-le : et si les étudiants avaient eu gain de cause ? Nous ne sommes pas les seuls à nous aventurer dans des hypothèses contrefactuelles : l'ancien leader Wang Dan avoue qu'il se représente chaque année, à la date du 4 juin, un autre scénario. Celui

1. Leur parcours est retracé par l'écrivaine canadienne Denis Chong dans le livre *Egg on Mao: The Story of an Ordinary Man Who Defaced an Icon and Unmasked a Dictatorship*, Toronto, Random House Canada, 2009.

d'une Chine engagée dans la démocratisation, sous l'égide du dirigeant réformiste Zhao Ziyang qui, au lieu d'être placé sous résidence surveillée jusqu'à la fin de sa vie, aurait remporté la bataille au sein du Parti communiste. Comment aurait évolué le pays ? Les étudiants auraient-ils exigé la dissolution du Parti ? Auraient-ils su faire fonctionner l'État ? Ou une issue à la russe dans le cadre d'une libéralisation économique sauvage aurait-elle été la seule possible ? Dans ce cadre, le Parti communiste, sous l'influence des éléments les plus réformateurs, aurait autorisé une opposition politique avant de laisser les rênes de l'État. Un scénario difficilement concevable alors que la première génération de révolutionnaires, celle qui a conquis le pouvoir les armes à la main, ne semblait pas prête à l'abandonner.

Dans un de ses livres, publié à l'occasion du vingt-cinquième anniversaire de la répression, Wang Dan dessine la trame de ce qui aurait pu se passer après la victoire[1]. Les étudiants auraient-ils pris la tête du pays ? Certainement pas, assure-t-il, répondant ainsi à la critique le plus couramment adressée à ceux qui ont animé le mouvement de Tiananmen et qui, pendant les semaines d'occupation, n'ont pas échappé aux luttes internes. « Auraient-ils fait mieux que le

1. Wang Dan, *Liusi Beiwanglu* (*4 juin, aide-mémoire*), Taïwan, Chengwen Wenhua, 2014.

Parti communiste chinois ? » Peut-être pas mieux, mais à coup sûr autrement, en refusant de devenir des dirigeants politiques. Notre objectif était d'imposer un certain nombre de principes, plaide-t-il : le dialogue, la liberté de la presse, la transparence... Une véritable réforme économique sous l'égide de l'aile réformatrice du Parti communiste chinois, emmenée par Zhao Ziyang, aurait pu être conduite. « Non seulement la Chine n'aurait pas sombré dans le chaos, mais au contraire, le chemin vers la réforme économique aurait été renforcé », soutient-il, persuadé qu'un meilleur dialogue entre le pouvoir et la société aurait facilité les réformes et stabilisé la nation. Quant à la corruption, la liberté de la presse l'aurait contenue, l'empêchant de se répandre d'un trait dans tout le pays.

C'est évidemment une vision optimiste – Wang Dan est resté l'idéaliste qu'il était dans sa jeunesse. Ruan Ming, ancien haut fonctionnaire proche de Hu Yaobang, exclu du Parti en 1983, juge, pour sa part, que Deng Xiaoping aurait pu éviter un drame s'il avait suivi... Deng Xiaoping ! Son entourage aurait pu souffler dans son oreille gauche, celle qui n'était pas sourde, écrit-il, les idées politiques réformatrices (contrôle plus grand du Parti et de l'État, démocratisation de la vie politique, économique et sociale...) contenues dans son discours d'août 1980 lors d'une réunion du Bureau politique du Comité central[1]. Elles n'étaient pas si éloignées de celles des étudiants.

> Il aurait pu trouver un langage et un programme politique communs avec les jeunes de la place Tiananmen. Si tel avait été le cas, il aurait fallu récrire l'histoire du XXe siècle. Le héros historique des années 1990, celui qui aurait entamé la réforme démocratique du système socialiste n'aurait pas été Gorbatchev, mais Deng Xiaoping. En réalité, les problèmes qu'avait à résoudre Deng Xiaoping étaient beaucoup moins difficiles que ceux qui se posaient à Gorbatchev en URSS ou dans les pays de l'Est.

Les conservateurs répondraient, selon l'antienne qu'ils n'ont cessé d'entonner, que le chaos allait suivre et qu'il valait mieux un drame ponctuel que des décennies de misère, qu'un pays entier jeté dans le désordre. L'exemple de la Pologne montrait que le dialogue était possible dans un pays communiste, mais il n'y avait pas en Chine de contre-pouvoir solide comme l'était le syndicat Solidarnośċ ni une figure d'envergure comme son dirigeant Lech Walesa. Les conservateurs étaient les premiers à considérer que les

1. Ruan Ming, *Deng Xiaoping, chronique d'un empire : 1978-1990*, *op. cit.*, p. 103.

étudiants n'étaient pas des interlocuteurs valables, mais des enfants turbulents qu'il fallait renvoyer à leurs études. Bref, la génération des pères ne comprenait pas celle des fils et filles : la Révolution culturelle était aussi trop proche et les souffrances qu'elle avait occasionnées au sein du Parti encore trop vives pour que la peur du chaos ne soit pas omniprésente. Les efforts de médiation ont été trop timorés et trop tardifs, un Deng vieillissant, qui craignait que son héritage ne soit remis en cause en cas de changement de régime, n'a écouté que les plus déterminés à réprimer. Et si pourtant… ?

Mais oublions maintenant l'uchronie et revenons à l'histoire. Que s'est-il donc passé dans la nuit du 3 au 4 juin 1989 à Pékin ? Trente ans plus tard, de nombreux témoignages permettent d'y voir plus clair. Outre les récits des victimes – étudiants ou autres civils – ou de leurs proches, on dispose des versions des protagonistes politiques les plus importants comme Li Peng, Chen Xitong, maire de Pékin au moment des faits[1], Zhao Ziyang et son ancien bras droit Bao Tong ; enfin, on peut consulter des documents internes publiés en janvier 2001 aux États-Unis

1. Le livre basé sur des conversations entre Chen Xitong et Yao Jianfu a été publié en chinois à Hong Kong par les éditions New Century Media & Consulting en 2012.

sous le titre *Tiananmen Papers*[1] et présentés comme des papiers officiels.

Toutes les sources convergent pour désigner Deng Xiaoping comme l'homme qui a fait basculer la situation, quand bien même il n'avait plus de responsabilités officielles. Dès le 25 avril, lors d'une réunion organisée en l'absence de Zhao Ziyang qui se trouve en Corée du Nord pour une visite officielle, il a fait part de sa conviction : « Ce n'est pas un mouvement étudiant habituel, c'est un soulèvement [...]. Il faut s'opposer et arrêter ce soulèvement. » Et d'ajouter :

> Ces gens ont été influencés idéologiquement par la libéralisation bourgeoise occidentale, par les partisans de la libéralisation qu'on voit en Yougoslavie, en Pologne, en Hongrie et en Union soviétique. L'objectif est de renverser les dirigeants du Parti communiste.

Pour Deng, la situation est critique, il évoque même une « course contre la montre »[2].

C'est cette fermeté qui inspire l'éditorial publié le lendemain, 26 avril, par *Le Quotidien du Peuple*. Intitulé « Il faut lutter résolument contre les troubles », il aura un impact décisif sur la suite des événements.

1. Zhang Liang, *Les Archives de Tiananmen*, *op. cit.*
2. Cité dans le journal de Li Peng à partir d'une version en chinois diffusée sur Internet.

Le mouvement étudiant y est qualifié de « contre-révolutionnaire », de « conspiration bien planifiée [...] pour semer la confusion dans le peuple et plonger le pays dans les troubles » et dont l'« objectif réel est de renverser le Parti communiste chinois et le système socialiste au niveau le plus fondamental ». Les mots employés provoquent la colère des étudiants. Leur mouvement est patriotique, répondent-ils. Ils sont les dignes héritiers de leurs prédécesseurs du 4 mai 1919, dont le Parti communiste revendique l'héritage. La situation, dès lors, ne fera que s'aggraver, car le fil du dialogue ne sera jamais renoué malgré plusieurs tentatives de médiation.

Deng a une autre raison, plus conjoncturelle, d'en vouloir aux étudiants : ils ont gâché les grandes retrouvailles entre la Chine et l'Union soviétique. Prévue de longue date, la visite de Mikhaïl Gorbatchev dans la capitale chinoise, le 15 mai, pour quatre jours, n'a pu se dérouler comme elle aurait dû en raison de la présence des manifestants place Tiananmen : la cérémonie d'accueil organisée traditionnellement devant le palais de l'Assemblée du Peuple, et marquée par vingt et un coups de canon, n'a pas pu avoir lieu. Pire, lors de la réception par Deng Xiaoping du dirigeant soviétique, on entendait les acclamations venant du dehors.

Pour certains étudiants Mikhaïl Gorbatchev était un héros : il était tout simplement en train de mener la politique de réforme politique qu'ils appelaient de leurs vœux. Le jour de son arrivée, une grande banderole avait été déployée sur la place : « Bienvenue, monsieur Gorbatchev, grand réformateur[1] ». On imagine la contrariété des dirigeants chinois, pris à front renversé dans leur tentative de rapprochement avec l'URSS.

Il est notable d'ailleurs qu'un des leaders étudiants, Shen Tong, ait tenté de persuader ses camarades d'évacuer la partie ouest pour permettre à la cérémonie d'accueil d'avoir lieu. Dès son réveil, il s'est saisi du micro de la station de radio mise en place par les protestataires :

> Amis étudiants, nous sommes aujourd'hui le 15 mai et Gorbatchev ne va pas tarder à arriver. [...] Nous ne devons pas laisser nos émotions prendre le pas sur la raison. Gorbatchev conduit l'Union soviétique pas à pas sur le chemin des réformes politiques. Sa visite en Chine pourrait nous être profitable et utile. En restant ici, nous donnons aux conservateurs une bonne raison d'écraser les réformistes[2].

Mais ses arguments n'ont pas porté. Un ancien ouvrier l'a invectivé, l'accusant même de faire le jeu

1. Shen Tong, *Presque une révolution*, *op. cit.*, p. 256.
2. *Ibid.*, p. 254-257.

du pouvoir. Lorsque des étudiants se sont enfin déplacés, d'autres sont venus immédiatement les remplacer. La foule était trop nombreuse. Et surtout la dynamique politique jouait en sa défaveur. L'heure était au jusqu'au-boutisme.

Juste après le départ de Gorbatchev, Deng convoque une nouvelle réunion chez lui. Selon Li Peng, elle « détermine le sort de la Chine ». Encore une fois les mots sont durs. En présence du numéro un, Zhao Ziyang, Deng évoque le spectre de la Révolution culturelle. « Il n'y a pas besoin de fusils et de canons pour avoir une guerre civile ; les poings et les gourdins suffisent. » Il cite aussi la Hongrie où de concessions en concessions le parti communiste s'est affaibli sous les assauts de ses adversaires. « Pour ceux qui prônent la libéralisation bourgeoise en Chine, c'est la même chose : s'ils n'obtiennent pas ce qu'ils souhaitent, ils ne vont pas abandonner. » Et comme Mao avait repris le contrôle de la situation en 1969 en faisant appel à l'armée, il annonce que la seule solution est désormais d'imposer la loi martiale à Pékin.

Zhao Ziyang, déjà en sursis, s'y oppose dans une sorte de baroud d'honneur. Rien n'y fait. Le sort de la Chine se scelle là. La décision est prise dans les angoisses d'une répétition de l'Histoire, dans les souvenirs de la Révolution culturelle et avec une frappante lucidité sur l'avenir des « pays frères ». Deux jours plus tard, Zhao Ziyang se rend sur la place au petit matin, pour ce qui sera sa dernière apparition publique. Il paraît abattu. Seul face à la foule, il s'adresse aux étudiants avec un mégaphone, les suppliant de mettre fin à leur grève de la faim. Quelque chose de poignant émane de ses mots improvisés. « Nous [les dirigeants du Parti] sommes venus, mais trop tard. Pardon ! Je vous demande pardon ! [1] » dit-il aux étudiants, avant de leur enjoindre de mettre un terme à leur action pour éviter que leur existence subisse des « dommages irréparables ».

> Je sais que vos intentions sont bonnes, que vous agissez pour le bien du pays, mais si cela continue, la situation deviendra incontrôlable. [...] Ah ! Les jeunes ! Nous avons tous été jeunes, nous aussi nous avons manifesté, nous nous sommes couchés sur les rails, et je sais bien qu'à l'époque, nous ne nous préoccupions guère des conséquences, mais quand on y repense, après coup... Vous devez réfléchir froidement à ce qui risque de se passer...

Les étudiants comprennent qu'ils viennent de perdre leur seul allié au sein du pouvoir. Dans ses mémoires, Zhao Ziyang insiste : ce qu'il voulait, c'était les persuader de ne pas mettre leur vie en dan-

1. Jean-Philippe Béja, Michel Bonnin et Alain Peyraube, *Le Tremblement de terre de Pékin*, *op. cit.*, p. 232.

ger, car « même si leur action bénéficiait d'un large soutien en Chine et à l'étranger, cela n'aurait aucun effet sur le groupe de dirigeants partisans d'une position dure[1] ». Cependant, regrette-t-il, « ils ne comprirent pas ce que je voulais dire, et ils n'imaginaient pas le traitement qu'ils allaient subir. Naturellement, mes propos furent par la suite vivement critiqués et me furent reprochés ».

Zhao Ziyang en effet est écarté. Les griefs de Deng à son égard sont légion. Non seulement il n'a pas soutenu l'éditorial du 26 avril, mais, dans un discours prononcé le 4 mai à la Banque asiatique de développement devant un parterre international, il a assuré que « la situation [allait] graduellement se calmer et que la Chine ne connaîtra[it] pas de grands troubles » – une façon de délégitimer par avance une solution répressive radicale. Pire, il a osé expliquer à Gorbatchev qu'il n'était pas le vrai dirigeant de la Chine malgré son titre de numéro un, que Deng décidait tout en sous-main, qu'il continuait de trancher seul les questions les plus importantes. Aux yeux des conservateurs, cela revenait à désigner Deng comme l'unique responsable de la crise traversée par la Chine. Dans son journal, Li Peng s'étrangle :

1. Zhao Ziyang, *Mémoires. Un réformateur au sommet de l'État chinois*, *op. cit.*, p. 52.

> Ce qu'a dit Zhao correspond à la réalité, mais il s'exprime alors que le pays traverse de graves troubles. [...] S'il y a des troubles économiques en 1988, la responsabilité en revient au camarade Xiaoping ; s'il y a des problèmes politiques, c'est aussi de la responsabilité du camarade Xiaoping. Il n'est secrétaire général qu'en apparence, [Zhao] gouverne selon les directives de Deng Xiaoping.

Voilà le genre de secret de famille qu'on ne dévoile pas à un étranger. Une ligne rouge est franchie.

La mise à l'écart de Zhao Ziyang consacre la victoire du groupe des anciens, dirigé par Deng, et des conservateurs. Elle annonce la tragédie. Il n'y a plus de place pour le dialogue. Le mois de mai tire à sa fin. Les nouveaux échanges avec les étudiants ont débouché sur une impasse, le pouvoir ne voulant rien céder. Une lourde chaleur s'installe sur la place Tiananmen où retentissent les sirènes des ambulances qui emportent des jeunes gens épuisés par la grève de la faim. Au fil des jours, les positions se durcissent. La place devient l'empire des rumeurs. Celle aussi des odeurs avant que les services sanitaires n'interviennent. Car aux Pékinois se joignent des étudiants venus des régions de province. Bientôt des tensions se font jour au sein du mouvement. Les dirigeants étudiants reproduisent des modes de gouvernement autoritaristes, s'entourant d'une légion de gardes du corps. Sur fond de guerre des ego, des factions émergent. Liu Xiaobo, jeune intellectuel progressiste, décide de revenir des États-Unis, où il enseignait, pour participer au printemps de Pékin. Le 2 juin, veille de l'intervention militaire, le futur prix Nobel de la paix (en 2010) et trois autres figures qui rejoignent la grève de la faim, le chanteur taïwanais Hou Dejian, le sociologue Zhou Duo et l'universitaire Gao Xin, reprochent aux étudiants « de n'avoir pas bien su s'organiser et d'avoir ainsi laissé se développer des pratiques antidémocratiques dans un mouvement de lutte pour la démocratie », même si, finalement, le principal responsable est à leurs yeux le gouvernement qui « a ignoré les droits fondamentaux du peuple garantis par la Constitution »[1]. À trente-quatre ans, Liu Xiaobo est une figure originale et indépendante. Ses critiques n'épargnent personne. Juste avant de repartir pour la Chine, il a écrit un texte pour railler la manie chinoise de porter le deuil des dominants[2]. Pourquoi, se demande-t-il, Hu Yaobang, un cadre du Parti, à la fois produit et victime du système selon lui, est-il devenu un héros

1. Cité par Jean-Philippe Béja, « Liu Xiaobo : le retour de la morale », in Anne Cheng (dir.), *La Pensée en Chine aujourd'hui*, Paris, Gallimard, « Folio essais », 2007, p. 140-141.

2. Cité par Geremie Barmé dans sa contribution « Confession, Redemption and Death: Liu Xiaobo and the Protest Movement of 1989 » au livre édité par George Hicks, *The Broken Mirror: China after Tiananmen*, Harlow, Longman, 1990, p. 51-99.

tragique ? Pourquoi pleurer Zhou Enlai et Hu Yaobang et oublier le dissident Wei Jingsheng ? Pour faire triompher le mouvement démocratique, il plaide pour « la rationalité et l'ordre, le calme et la modération ».

Ce même 2 juin, les représentants des ouvriers venus soutenir le mouvement suggèrent de lancer un mot d'ordre de grève générale. Un des dirigeants étudiants s'interroge : « Si les ouvriers se mettent en grève, cela pourrait conduire la Chine à la paralysie économique. Je ne sais que penser. Je me considérais encore comme un réformateur, mais je n'étais pas persuadé que nous étions prêts à être des révolutionnaires[1]. » La fatigue n'arrange pas la situation.

Pendant ce temps, les préparatifs pour la mise en place de la loi martiale vont bon train. Les habitants de Pékin qui assistent au déploiement des chars tentent de s'y opposer pacifiquement. Peine perdue. Sur la place, quelques heures avant le dénouement tragique, au moment même où l'on commence à entendre au loin le fracas des armes, est inaugurée une université de la démocratie. Les étudiants avaient imaginé une faculté parallèle, où des professeurs volontaires viendraient donner des cours. Mais à peine baptisée, elle est déjà enterrée. Tout comme les illusions de la jeunesse de mai.

1. Shen Tong, *Presque une révolution*, *op. cit.*, p. 256.

Le régime reprend possession de la place Tiananmen par la force. La commune de Pékin a vécu. L'armée a commencé le « nettoyage » vers 4 h 30 du matin le 4 juin.

> Deux mille soldats appartenant aux brigades d'artillerie et aux régimes du génie de notre armée, ainsi que quarante-deux véhicules blindés de la 112e division, en coopération avec des unités sœurs, ont nettoyé la place en progressant du nord au sud. Auparavant, nous avions capturé six émeutiers – dont Guo Haifeng, membre du comité permanent et secrétaire général de la Fédération autonome des étudiants – qui tentaient de mettre le feu à la Porte de la Paix céleste.

Le communiqué de l'armée précise que la Déesse de la Démocratie, « pilier spirituel des émeutiers [1] », a été détruite. Avec la mise à bas de cette statue, c'est en effet la place Tiananmen qui retourne dans le giron du pouvoir. L'« abomination » a été expulsée de la place.

Un ancien de Tiananmen, Wu Renhua, étudiant à l'Université de sciences politiques et de droit de Pékin devenu historien du mouvement, a retracé ces heures sombres, pendant lesquelles l'hécatombe a eu lieu. Il a vu lui-même des chars foncer sur un groupe d'étudiants et tuer onze d'entre eux au carrefour de

1. Zhang Liang, *Les Archives de Tiananmen*, *op. cit.*, p. 527.

Liubukou, à l'ouest de la place Tiananmen. Dans ses ouvrages, publiés en chinois aux États-Unis, il démonte méticuleusement la version officielle d'une « émeute contre-révolutionnaire » et de soldats contraints à l'autodéfense : la première mort confirmée d'un civil s'est produite le 3 juin vers 21 heures, tandis que les pertes des soldats – quinze en tout selon les documents officiels qu'il a compulsés – sont intervenues après 1 heure du matin le 4 juin. Son patient travail de compilation permet aussi de remettre en cause l'idée que personne n'aurait été tué sur la place elle-même, qui lui paraît être une manière pour le pouvoir de faire diversion et d'effacer ce qui s'est passé aux alentours, et aux abords des universités. Et par ailleurs, il n'y a pas eu de massacre de masse sur la place Tiananmen certes, mais il n'y a pas eu non plus d'évacuation paisible comme le prétendent les autorités. Wu Renhua se trouvait sur les marches du monument des martyrs, où s'était regroupé le dernier carré des protestataires. La place avait été volontairement plongée dans le noir. Des rangées de soldats avançaient. Ils tiraient. Trois étudiants ont été tués, dont il est en mesure aujourd'hui de donner les noms[1]. Un journaliste taïwanais a aussi été touché à la tête par un tir mais a pu être sauvé.

1. Il s'agit de Cheng Renxing, Dai Jinping et Li Haocheng. C'est ce que Wu Renhua explique dans une interview au site

L'une des grandes questions en suspens est celle du bilan. Le 6 juin 1989, le porte-parole du gouvernement, Yuan Mu, donne une conférence de presse à Zhongnanhai, le siège des autorités. Il avance le chiffre de 300 morts, civils et militaires. À la fin du mois, le maire de Pékin, Chen Xitong, s'exprime devant le comité permanent de l'Assemblée nationale populaire : il évoque des dizaines de soldats tués et plus de 200 morts civils, dont 36 étudiants. D'autres données ont circulé, semant encore plus la confusion : la Croix-Rouge chinoise a parlé de plus de 2 600 personnes tuées, alors que le directeur du service national de l'agence Chine nouvelle à l'époque, Zhang Wanshu, donne lui un total de 727 morts, dont 14 militaires.

Wu Renhua penche pour un bilan d'environ 2 800 morts, comme l'a avancé aussi le sinologue canadien Timothy Brook en effectuant une extrapolation à partir d'un décompte effectué auprès de onze hôpitaux de Pékin[1]. En province aussi, où s'étaient produites en avril et mai des manifestations de grande ampleur, on a recensé des victimes. Des protestataires sont même descendus, dès le lendemain, dans la rue pour dénoncer la répression sanglante de Pékin,

---

China Change publiée le 4 juin 2018 (« Key Questions About the June 4 Massacre »).

1. Ces chiffres sont donnés par Wu Renhua dans la même interview.

notamment à Chengdu, capitale du Sichuan, la province natale de Deng Xiaoping[1].

Parmi les interprétations de la montée en tension des dernières semaines, l'une en particulier me paraît intéressante. On la doit au bras droit de Zhao Ziyang, Bao Tong, dans une série d'entretiens accordés en 2017 à la fille d'un ancien secrétaire de Mao, Li Nanyang, et publiés sur le site en chinois du *New York Times* un an plus tard[2]. Responsable du secrétariat général du Comité permanent du Bureau politique en 1989, il fut aux premières loges et le plus haut cadre à avoir été emprisonné au moment de Tiananmen. Il a passé sept ans derrière les barreaux pour avoir « révélé des secrets d'État et fait de la propagande pour la contre-révolution ». Aujourd'hui, il pense que Deng souhaitait se débarrasser du secrétaire général du Parti communiste, car il craignait que Zhao Ziyang ne fasse

1. Dans un livre d'enquête consacré au mouvement démocratique de 1989, *The People's Republic of Amnesia : Tiananmen Revisited*, publié en 2014 aux éditions Oxford University Press, la journaliste Louisa Lim évoque cette histoire peu connue des manifestations et de la répression féroce à Chengdu.

2. Bao Tong reprend là une analyse déjà avancée par Zhao Ziyang lui-même et qu'on retrouve dans le livre tiré de trente cassettes enregistrées par l'ancien secrétaire général du Parti communiste chinois entre 1999 et 2000, *Mémoires. Un réformateur au sommet de l'État chinois*, *op. cit.*

à son égard ce que Khrouchtchev, le dirigeant soviétique, avait fait à Staline : rédiger un rapport pour le critiquer, notamment pour souligner sa faute, le limogeage de Hu Yaobang. Sa conviction que les étudiants avaient le droit d'honorer la mémoire de ce dirigeant réformateur aurait en effet fini de convaincre Deng Xiaoping qu'il y avait un péril pour le Parti communiste chinois.

> Deng n'a pas protégé le Parti, il s'est protégé lui-même, explique Bao Tong. […] Il n'a pas hésité, quitte à ce que le Parti soit réduit à néant, à faire tirer sur le peuple au nom du Parti […] Le 4 juin, il le fait pour son propre intérêt, c'est lui qui décide, qui déclenche un mouvement militaire qui prend les masses pour cible […]. Le nœud du 4 juin n'est pas une contradiction entre Deng et les étudiants, mais entre Deng et Zhao Ziyang[1].

Quelle que soit sa puissance d'élucidation, l'interprétation de Bao Tong souligne un aspect crucial de la personnalité politique de Deng Xiaoping. Plusieurs fois acculé, il a toujours réussi à retourner la situation en sa faveur. Pour la deuxième fois, il évince celui qu'il a placé à la tête du Parti, avec une froide

1. Entretien entre Bao Tong et Li Nanyang, fille de l'ancien secrétaire de Mao Li Rui, publié en quatre parties par le site chinois du *New York Times* en mai 2018.

détermination. Quelque chose de shakespearien se dévoile dans sa façon de sacrifier les meilleurs de sa cour. Et quelle tragique ironie à voir celui qui voulait laisser un souvenir sans tache maculer de sang le centre historique de la capitale !

> Le vieux Deng avait le cœur dur comme l'acier, estime l'avocat de Bao Tong, Zhang Sizhi. Notre cher président Mao Zedong disait, et il savait de quoi il parlait, que cet homme cachait dans sa poitrine, non pas un petit fourneau, mais une entreprise sidérurgique d'État : à l'intérieur, ça vomissait des tonnes et des tonnes de métal humain en fusion[1].

Mao connaissait bien Deng. Il lui avait confié de hautes responsabilités dès la Longue Marche, que ce soit dans le domaine militaire – désigné commissaire politique au sein de l'Armée populaire de libération, il avait la responsabilité d'un des principaux fronts fin 1948, en pleine guerre civile, coordonnant un demi-million de soldats lors d'une bataille cruciale –, politique ou économique. Deng avait aussi reçu pour mission de mener le mouvement contre les droitistes en 1957. Mao voyait en ce petit homme charismatique

1. Judith Bout, *Les Confessions de Maître Zhang, l'avocat de la Bande des Quatre et des dissidents chinois*, Paris, François Bourin, 2013, p. 499.

– lorsqu'il entrait dans une pièce, écrit son biographe, Ezra Vogel, il attirait l'attention, « comme si l'électricité venait à lui [1] » – un successeur éventuel, le préservant même dans ses périodes de disgrâce. Deng avait en effet survécu à trois purges : dans les années 1930 à l'époque de la République des soviets du Jiangxi ; au moment de la Révolution culturelle, passant trois ans à la campagne entre 1969 et 1973 ; et en 1976.

Au printemps 1989, il montre encore une fois sa capacité d'adaptation. Deng cultive l'art de la survie. Sans états d'âme. Pour sauver sa peau, il donne l'ordre de réprimer dans le sang le mouvement démocratique et change l'histoire chinoise. Un événement arrache toujours le monde à son cours ordinaire, disait Georges Duby. Le 4 juin, le massacre de Tiananmen reconfigure durablement l'horizon politique du pays. Tout n'était pas joué d'avance pourtant. Et c'est bien là que réside le drame : dans ce côté toujours neuf, toujours surprenant, de l'événement. Le lendemain du 4 juin, le monde entier découvre effaré les images des chars au centre de la capitale. Pour toute une génération, la mienne, qui n'avait pas de souvenir de la répression de Prague, en 1968, c'est la découverte de la sombre puissance de la machine communiste, de sa

1. Ezra F. Vogel a écrit la biographie la plus complète disponible sur Deng Xiaoping, *Deng Xiaoping and the Transformation of China*, Cambridge, Harvard University Press, 2011.

détermination criminelle. « Tiananmen » n'est plus le nom d'un lieu mais une métonymie pour dire un massacre.

Comme pour tenter de faire oublier cette tache, la place est aujourd'hui d'une netteté qui frappe l'œil du passant. Des groupes de balayeurs en assurent la propreté avec un soin obsessionnel. D'ailleurs, en 1999, au moment du cinquantenaire de la fondation de la République populaire de Chine, les dalles rectangulaires qui la composaient et qui portaient la trace du passage des chars ont toutes été remplacées. Débarrassée de ces souillures, la place a pu redevenir le symbole de la fierté nationale. À l'aurore, qu'il pleuve ou qu'il vente, la « brigade de protection du drapeau national », composée de membres de la police armée, vient hisser les couleurs. C'est en 1991, deux petites années après la répression, que cette brigade a été officiellement créée. Dans le même temps, un nouveau mât a été installé pour faciliter le cérémonial. C'est une attraction, qui, lors des grandes dates, comme ce 1er octobre 2007, jour de la fête nationale, où nous sortions du commissariat avec mon collègue australien, peut réunir des milliers de personnes. Mais la sécurité est désormais omniprésente, presque étouffante : la place est quadrillée de policiers, en civil ou en uniforme, de militaires, de voitures en patrouille.

Avant les Jeux olympiques d'août 2008, des portiques avec appareils à rayons X ont été installés. Ils sont toujours là et tous les sacs des touristes passent à l'inspection. Les seules manifestations autorisées sont les célébrations favorables au régime, comme les rassemblements d'union nationale, tel celui organisé après le tremblement de terre de mai 2008.

Et tous les soirs, au coucher du soleil, la brigade revient. Pour descendre le drapeau rouge aux cinq étoiles jaunes.

Chapitre 8

Enfants de la révolution

Un événement historique entraîne toujours des bifurcations dans la vie de ceux qui y ont participé ou l'ont subi. Pour beaucoup de militants qui ont occupé la place Tiananmen, le 4 juin fut une fin et un début. Une nouvelle vie s'ouvrait devant eux, qu'ils soient blessés, emprisonnés ou obligés de fuir. Encore jeunes, ils allaient se réinventer en fonction des circonstances et de leur sensibilité.

Certains ont suivi le mouvement général d'enrichissement : on ne compte plus les anciens de Tiananmen qui ont épousé une carrière de chef d'entreprise. Ils ont suivi la voie des affaires, mais en exil, tel Li Lu. Cette ancienne figure de proue du mouvement, parmi les plus radicaux, s'est réfugié aux États-Unis, où il a poursuivi ses études à l'université Columbia à New York. Devenu banquier d'affaires, il a fondé un fonds d'investissement, Himalaya Capital, présent notamment en Asie. Il a conseillé à l'investisseur américain

Warren Buffett de mettre de l'argent dans le constructeur de véhicules électriques chinois BYD, dont le siège est à Shenzhen, dans le sud de la Chine. Shen Tong, qui a étudié à Harvard, a également fait fortune en créant des entreprises dans le domaine de l'alimentation.

Parmi le groupe des « anciens », Chai Ling se distingue. C'est une femme quand tous les autres dirigeants étudiants sont des hommes, de Wang Dan à Wu'er Kaixi en passant par Shen Tong ou son mari Feng Congde. Bien que Mao ait dit que « les femmes portent sur leurs épaules la moitié du ciel », les vieux réflexes machistes imprègnent encore la Chine des années 1980. Au début du mouvement, Chai Ling reste en retrait. Elle donne un coup de main à Feng Congde, qui se trouve en pleine lumière. Puis cette fille d'un couple de médecins militaires, fidèles au Parti communiste, entre dans la danse. Elle s'impose d'abord sur les marches du palais de l'Assemblée du Peuple le jour des funérailles de Hu Yaobang, le 22 avril. On lui tend un mégaphone, elle se dirige vers le palais, là où sont rassemblés les dignitaires, dont Deng Xiaoping.

Elle crie : « Je vous en prie, sortez, écoutez-nous. Nous avons attendu toute la nuit, nous sommes épuisés et en colère. Nous ne voulons pas d'un conflit sanglant. Nous voulons juste parler. » L'indifférence en réponse. Personne ne sort. Cinq ans auparavant, elle se trouvait sur la place, toute récente étudiante à Beida, l'une des universités les plus prestigieuses du pays, non pour défier Deng mais pour l'acclamer. La République populaire de Chine fêtait son trente-cinquième anniversaire et elle était là, ce 1er octobre, parmi la foule qui chantait et dansait. De la tribune montée sur la porte de Tiananmen, Deng assistait au défilé des troupes, puis au passage de la foule, parmi laquelle un groupe d'étudiants de Beida, et Chai Ling. La nuit tombée, comme ses camarades, elle avait fait la fête. Au-dessus d'elle, les feux d'artifice illuminaient le ciel. Un groupe d'étudiants avait brandi une bannière où il était inscrit : « *Xiaoping ni hao* » (Bonjour Xiaoping). Une ambiance légère, bien éloignée des années noires du maoïsme. Deng était perçu comme un dirigeant bienveillant. À la vue de la banderole, il avait souri et adressé un signe amical aux jeunes gens.

Mais, en ce 22 avril 1989, le climat a changé. Aucun signe amical cette fois-ci. Chai Ling perd sa voix – un soldat près d'elle lui passe une bouteille d'eau –, mais elle trouve sa place : à la tête du mouvement étudiant en gestation. Ce jour-là, le mépris dont fait preuve le pouvoir envers la jeunesse nourrit sa colère. « Je me suis souvent demandé si les événements auraient pu prendre un tour différent si le gouvernement avait invité quelques étudiants à assister aux funérailles », écrit-elle dans son autobiographie publiée aux États-Unis bien des années plus tard[1].

Chai Ling, originaire d'une petite ville du Shandong, Rizhao, près du port de Qingdao, est arrivée à Pékin en 1983, pur produit d'une certaine méritocratie qui permet aux meilleurs éléments des provinces de « monter » à la capitale. Elle a enfin réalisé le rêve de sa famille. Le prénom de son père n'était-il pas Jingjin, dont la signification est « aller à Pékin » ? Ce désir est un héritage de l'époque impériale, avant 1912, quand l'ambition des plus humbles était que l'un des leurs puisse servir l'empereur comme fonctionnaire au terme d'un examen extrêmement sélectif. En 1983, ce souhait se réalise : la jeune femme est acceptée à Beida. C'est l'université de Pékin qui a pris la tête du mouvement patriotique du 4 mai, celle qui a employé l'écrivain et philosophe Chen Duxiu, entre 1917 et 1919, peu avant qu'il ne fonde le Parti communiste avec d'autres intellectuels modernistes. Celle où le président Mao a été bibliothécaire – même s'il y a nourri une rancune tenace envers les intellectuels qui le méprisaient. Le père de Chai Ling voyait enfin l'aspiration de trois générations de la famille Chai se réaliser au prix de nombreux efforts : il n'avait jamais négligé l'éducation de ses enfants, même au

1. Chai Ling, *A Heart of Freedom*, Carol Stream, Tyndale House Publishers, 2011, p. 100.

plus fort de la Révolution culturelle, où le savoir était vu comme une déviation bourgeoise. Au début des réformes et de l'ouverture, alors que la situation économique s'améliorait, il n'avait pas dépensé son argent dans les nouveaux biens de consommation, que ce soit une montre ou une télévision, mais dans une encyclopédie en trente tomes. Un mois de salaire. À Beida, Chai Ling découvre un autre monde, bien éloigné de celui de sa province natale. Elle change vite de spécialité. Étudiante en géologie, elle se bat pour être admise en psychologie. Elle y rencontre son futur époux, Feng Congde. Leur mariage est célébré au printemps 1988. Le 15 avril 1989, elle fête ses vingt-trois ans, le jour même de la mort de Hu Yaobang. Une semaine plus tard, le jour des funérailles, elle prend la parole et s'impose peu à peu.

Raconter la trajectoire de Chai Ling, c'est aussi montrer les paradoxes de cette génération Tiananmen qui a voulu se libérer de la tutelle étouffante du Parti communiste chinois, mais qui dans le même temps, lors du mouvement du printemps 1989, en a reproduit, inconsciemment, certains travers. Peu après la proclamation de la loi martiale à Pékin, ils se préparent à une mort possible et le clament, comme s'ils ne pouvaient se détacher de la martyrologie entretenue par le régime. Alors que le mouvement est traversé par les doutes et les divisions – faut-il quitter la place ou tenir bon ? –, Chai Ling enregistre un témoignage vidéo, le 28 mai 1989, loin de la place Tiananmen, dans une résidence pour étrangers. Elle ne veut pas d'interview, mais simplement conserver une sorte de testament, « ses dernières volontés[1] ». Assise sur un lit, dans une chambre d'adolescente, éclatant en sanglots régulièrement, elle retrace son parcours, s'interroge sur l'avenir du mouvement, expose ses doutes.

> Ce sont peut-être mes dernières paroles, la situation est de plus en plus difficile. Mon nom est Chai Ling, j'ai vingt-trois ans. N'est-ce pas étrange, mon anniversaire était le 15 avril, le jour même de la mort de Hu Yaobang ?

Elle adopte un ton dramatique :

> Les étudiants n'arrêtent pas de demander : « Quelle est la prochaine étape ? Que pouvons-nous obtenir ? » Je me sens mal, car comment leur dire que ce que nous pouvons espérer c'est un bain de sang, pour le moment le gouvernement n'a d'autres choix que de massacrer le peuple. C'est seulement quand la place aura été inondée de sang que le peuple chinois ouvrira les yeux. Et qu'il sera vraiment uni. Mais comment dire cela à mes camarades étudiants ?

1. *Ibid.*, p. 173-180.

La vidéo ne sera dévoilée qu'en 1995, utilisée dans un documentaire consacré aux événements du printemps 1989. Elle suscite alors la polémique. Chai Ling doit se défendre d'avoir voulu la confrontation sanglante. Feng Congde, son ancien mari – ils se sont quittés juste après avoir fui la Chine – prend sa défense.

L'époque des grands débats entre les « anciens » est révolue. Chai Ling s'est depuis des années tournée vers la religion. Tout comme d'anciens compagnons de lutte, tel Zhang Boli, devenu pasteur évangélique aux États-Unis. Si elle a fondé également une association, All Girls Allowed, c'est pour lutter en faveur de la suppression de la politique de l'enfant unique en Chine et des avortements forcés. Trente ans après Tiananmen, son combat est religieux. À ses yeux, les victimes de la répression en 1989 sont des « héros comme Jésus[1] » et elle explique désormais le printemps de cette année-là à la lumière de sa foi. C'est une lutte entre le bien et le mal : « Les événements de Tiananmen ont été une étape importante pour le projet de Dieu de rédemption de la Chine. Il a permis que le mal arrive – le massacre – pour tuer notre croyance dans le système communiste. » Et elle ajoute : « Je pense désormais que transformer la Chine en une nation qui suit Jésus est la clef pour implanter la

1. *Ibid.*, p. 281.

démocratie dans ce pays[1]. » Étonnant parcours que celui de Chai Ling, élevée dans la foi communiste, aujourd'hui convertie. Mais, pourrait-on avancer, sa vision est restée la même, binaire et rassurante, permettant de donner de la cohérence à son statut de survivante depuis la Chine jusqu'aux États-Unis.

Wang Dan, lui, est une figure singulière parmi les « anciens », mais non isolée. Avec d'autres, il a décidé de poursuivre son combat pour la démocratie et de rester fidèle à ses idéaux de jeunesse. Il refuse toujours qu'on mesure la légitimité d'une cause à la rapidité de sa victoire.

> Ce que nous avons fait était juste, écrit-il. Ce mouvement a peut-être perdu, mais perdre ne veut pas dire qu'on ait tort, la réussite ne vient qu'à la suite d'une accumulation d'échecs[2].

Le destin de Wang Dan est lié à la place Tiananmen. Enfant, elle a même été son terrain de jeux : sa mère travaillait au musée de la Révolution qui la jouxte et, comme tous les employés des organismes publics, la

1. *Ibid.*, p. 326-327.
2. Wang Dan, *Guanyu Zhongguo de 70 ge wenti* (*70 questions sur la Chine*), Taïwan, Chengwen Wenhua, 2015, p. 108-109.

famille était logée à proximité. À l'arrivée du printemps, Wang Dan sortait son cerf-volant et le regardait s'élever dans les airs, encore plus haut que l'extrémité du Monument aux Héros du Peuple, celui où les contestataires se sont rassemblés à la mort de Zhou Enlai.

L'été, la promenade du soir sur la vaste esplanade avec ses parents était l'occasion d'un moment de fraîcheur après une journée de canicule. Parfois même, il s'allongeait sur le sol, feignant de dormir. C'était pour lui un monde de douceur et de joie.

Tout change au carrefour des années 1988-1989. À l'université Beida, où son père est enseignant au département de géographie, Wang Dan participe à l'ébullition intellectuelle qui agite le campus : au Triangle, l'endroit où se tiennent les réunions non officielles, on discute librement des réformes. Wang anime un « salon de la démocratie ». On y vient écouter un couple étonnant, formé de l'astrophysicien Fang Lizhi, le « Sakharov chinois », exclu du Parti en janvier 1987 et devenu la voix de la démocratie (les cassettes enregistrées de ses discours se vendent comme des petits pains), et de sa femme Li Shuxian, candidate indépendante élue à l'Assemblée nationale populaire. On s'exalte de ce qui se passe en Europe de l'Est, où les partis communistes au pouvoir mènent des réformes politiques beaucoup plus audacieuses que leur homologue chinois.

Sur le campus, les étudiants écoutent les « radios ennemies », les programmes en chinois de Voice of America, BBC ou Radio France Internationale qui sont la seule manière de savoir ce qui se trame dans les coulisses du pouvoir chinois.

En avril 1989, Wang Dan fait paraître dans une toute jeune revue indépendante, *Xin Wusi* (*Le Nouveau Quatre Mai*), un article intitulé « L'étoile de l'espoir du socialisme s'est levée sur l'Europe de l'Est[1] ». Il y évoque en particulier la Hongrie et la Pologne, où « l'atmosphère rafraîchissante du printemps 1956 imprègne l'air du temps ». Le Parti socialiste ouvrier hongrois a reconnu le multipartisme, tout comme en Pologne le syndicat Solidarność a été légalisé à l'issue d'une table ronde avec les autorités. Pour lui, la Chine peut et doit en tirer deux leçons : d'abord, que « l'abandon de la dictature du parti unique (ou des formes de domination analogues sous un autre nom) et la mise en œuvre d'une politique démocratique représentent une tendance irréversible de l'évolution du socialisme », « que la démocratie ne peut être octroyée, mais qu'il faut s'appuyer sur un mouvement venu de la base pour l'obtenir. Dans ce processus, ajoute-t-il, l'élite intellectuelle doit jouer un rôle de précurseur et de dirigeant ». Il signe : « Le commen-

1. In Jean-Philippe Béja, Michel Bonnin et Alain Peyraube, *Le Tremblement de terre de Pékin*, *op. cit.*, p. 50-52.

tateur Wang Dan ». Le commentateur devient acteur à peine quelques semaines plus tard. Étudiant en histoire, grand et maigre jeune homme aux allures d'intellectuel à lunettes, Wang Dan prend le mégaphone pour porter au loin ses idées sur la place Tiananmen. C'est ainsi que son ancien terrain de jeux devient une scène où c'est désormais l'histoire qui se déroule.

Wang Dan participe activement à l'Association autonome des étudiants de Pékin qui s'implique dans le mouvement à travers le Groupe de la grève de la faim et qui pilote le Commandement général unifié de la place Tiananmen, dirigé par l'étudiante Chai Ling. Le 2 mai, il remet une pétition en douze points à l'Assemblée nationale populaire puis au gouvernement, dans laquelle sont exposées les conditions des étudiants pour un dialogue véritable, notamment qu'ils soient représentés par l'Association autonome. Faute de réponse, une grande manifestation est organisée le 4 mai sur la place Tiananmen. Wang Dan est également présent le 18 mai à la réunion avec le Premier ministre Li Peng, qui est un dialogue de sourds, au côté de Wu'er Kaixi. Personne n'est prêt à accorder la moindre concession. Le Premier ministre a participé le matin même à une réunion en présence de Deng Xiaoping où il a été décidé d'imposer la loi martiale à Pékin. Il demande aux étudiants d'évacuer la place, leur fait la leçon sur les conséquences que l'occupation peut avoir. Wu'er Kaixi est en pyjama, car on est allé le chercher à l'hôpital, où il a été transporté la veille au soir en raison de son état de faiblesse due à la grève de la faim. Il ne cesse de s'en prendre à Li Peng et de l'interrompre avant de s'évanouir, ce qui contribuera à forger sa légende.

Après le 4 juin, tout comme Wu'er Kaixi, Wang Dan figure au premier rang des vingt et un dirigeants étudiants recherchés par les forces de l'ordre : « Wang Dan, sexe masculin, vingt-quatre ans, originaire de Jilin, étudiant au département d'histoire à l'université de Pékin, 1,73 m environ, menton pointu, cheveux fins, incisive cariée, maigre, porte des lunettes de myope, accent de Pékin, voix rauque. » Il est arrêté à la mi-juillet et passera sept ans derrière les barreaux.

Désormais, l'ancien étudiant radical vit en exil aux États-Unis. Il s'est épaissi, il s'est assagi aussi. Pendant ses années de prison, il a beaucoup lu. Malgré le contrôle du réseau par Pékin, il continue de croire qu'Internet peut aider à la démocratisation du pays, que les nouvelles technologies feront alliance avec la jeunesse. Ce sera alors « la rencontre d'un moment décisif et d'une minorité décisive ». « Il est difficile de prévoir ce moment, nous ne pouvons que l'attendre, mais il naîtra des efforts des uns et des autres », écrit-il, ajoutant qu'« Internet est une plateforme non seulement pour construire une société civile, mais aussi pour constituer une nouvelle force d'opposition. Si nous affirmons qu'Internet changera la Chine, ce n'est absolument pas un point de vue aveuglément optimiste »[1].

Le plus intéressant reste sa certitude que depuis la répression de 1989, le peuple ne fait plus confiance au Parti. Dans une certaine mesure, d'ailleurs, il suffit d'observer la vie place Tiananmen, explique-t-il : l'endroit n'est plus le lieu de détente d'autrefois, celui de ses souvenirs. Il est devenu un espace de contrôle où tout le monde se guette, où la population et le pouvoir se méfient l'un de l'autre – une forteresse qui dévoile sans le vouloir la grande paranoïa du régime.

Wang Dan est convaincu que le développement économique ne pourra pas cacher éternellement la crise existentielle qui affecte le pays et dont il voit une magnifique illustration dans le film de Jia Zhangke, *A Touch of Sin*, sorti en 2013, dans lequel quatre personnages, victimes d'injustices diverses liées à l'arbitraire de l'État, se vengent dans une débauche de violences. Le film, inspiré de faits réels, condense selon lui la nouvelle réalité de la Chine, tyrannie et cruauté comprises. Comment croire qu'un

1. Wang Dan, *Guanyu Zhongguo de 70 ge wenti* (*70 questions sur la Chine*), *op. cit.*, p. 199-200.

tel monde a de l'avenir ? Wang Dan reste persuadé que tout système injuste est condamné à s'effondrer un jour. L'Afrique du Sud jadis louée pour son développement économique, mais dont le régime était fondé sur l'apartheid, en est, dit-il, le meilleur exemple…

En Chine aussi, l'arbitraire finira par se retourner contre le pouvoir. Ainsi, alors que les réticences face aux réformes politiques sont parfois justifiées par le chaos qu'elles pourraient susciter – c'est la version d'un bon nombre de conservateurs –, Wang soutient que c'est au contraire l'autoritarisme qui crée les troubles et menace la stabilité du pays. L'histoire chinoise l'a montré : lorsque le peuple n'a plus confiance dans ses gouvernants, il ne manque pas de reprendre le « mandat du ciel ». C'est toute la généalogie du terme « *geming* » : utilisé pour décrire le « changement de dynastie », il est venu signifier, au XXe siècle, la « révolution ».

La défiance de la population envers le pouvoir est en train de se transformer en force de résistance. Mieux, cette résistance est à l'œuvre depuis longtemps, le problème est plutôt qu'on ne veut pas la voir :

> Si cette capacité à résister n'existe pas, alors comment expliquer ce qu'ont fait les étudiants en 1989 ? Et les trois cent trois intellectuels connus qui ont signé la

Charte 08[1] ? Et la journaliste de soixante et onze ans Gao Yu[2], qui est allée pour la troisième fois en prison pour avoir dit la vérité ? S'il n'y a pas de résistance, qui est Liu Xiaobo ? Avec sa résistance, il a obtenu le respect du monde entier, comment peut-on oser dire que les Chinois ne résistent pas ? Certes le gouvernement chinois réprime toute opposition, bloque toute information afin de faire en sorte qu'on ne sache pas que les Chinois résistent. Mais ne pas savoir ne veut pas dire que ça n'existe pas.

L'intellectuel en tient pour une révolution pacifique qui commencera par la libération de la parole et qui se poursuivra par l'alliance entre des éléments, à l'intérieur du système, désireux de changer et les forces de l'extérieur.

1. La *Charte 08*, corédigée par Liu Xiaobo et d'autres intellectuels, est un manifeste appelant à une démocratisation de la Chine, jugeant qu'elle « possède bel et bien un cadre juridique, mais pas d'État de droit » : « La Chine a bien sa Constitution, mais pas de régime constitutionnel. »

2. La journaliste Gao Yu, née en 1944, a été arrêtée après les événements du printemps 1989. Depuis, elle a été emprisonnée à plusieurs reprises. En 2014, les autorités l'ont accusée d'avoir transmis à un site chinois dissident basé à l'étranger le « document numéro 9 », un texte du Comité central mettant en garde contre « sept périls, parmi lesquels la démocratie constitutionnelle occidentale, les valeurs universelles des droits de l'homme, la société civile, la liberté de la presse et le libéralisme ».

Aujourd'hui, c'est aux États-Unis que Wang Dan vit et milite après avoir longtemps habité et enseigné à Taïwan. L'île fut un refuge pour les démocrates – c'est là que réside toujours Wu'er Kaixi, autre ancien dirigeant étudiant du mouvement de Tiananmen. Mais ce sont les États-Unis qui font désormais figure de centre intellectuel pour les militants. Aussi Wang Dan y est-il revenu en 2018 pour lancer un *think tank*: « Dialogue China ». Trente ans après le mouvement de 1989, il organise à nouveau des salons où sont abordés les problèmes de la Chine d'aujourd'hui. Il est à son aise dans le milieu américain. New York est même devenue, depuis quelques années, la terre d'élection des réformistes, la capitale d'une Chine sans bâillon. S'y organisent débats et conférences sur l'avenir du pays, y sont disponibles des sites en mandarin, tel Mingjing News, un portail numérique qui se veut « un média global et libre à l'intention des Chinois vivant à l'extérieur de la Chine ». Comme l'explique Zhang Boshu, « il y a eu trois vagues de départs pour les intellectuels chinois : d'abord dans les années 1980 après le "printemps de Pékin" [première vague de contestation post-maoïste], puis après Tiananmen en 1989, enfin ces dix dernières années et particulièrement sous Xi Jinping ». Cet ancien membre de la très officielle Académie chinoise des sciences sociales sait de quoi il parle : il a été licencié en 2009 en raison de ses prises de position critiques et il donne aujourd'hui dans la prestigieuse université Columbia des cours en mandarin qui portent sur les courants intellectuels dans la Chine contemporaine. Le groupe des exilés chinois s'étoffe ainsi d'année en année aux États-Unis, sans doute un nouveau signe, pour Wang Dan, de l'effritement de la confiance qui lie le régime à ses élites. Pour lui, un autre Tiananmen est possible à tout moment.

Chapitre 9

Secret de famille

Sur la place Tiananmen, les étudiants luttaient contre un régime communiste, mais le refrain qu'ils ont le plus entonné fut paradoxalement *L'Internationale* : « C'est la lutte finale » était devenu un cri de ralliement, nouvel écho à l'histoire française. Moins Mai 68 cette fois que la Commune de Paris, puisque les paroles de ce chant ont été écrites par Eugène Pottier, en mai 1871, en pleine répression par les « Versaillais ».

Les ressemblances entre le mouvement social qui s'est achevé dans la capitale parisienne par des milliers de morts et cette « Commune de Pékin » écrasée par l'Armée populaire de libération cent vingt-huit ans plus tard sont plus grandes qu'on ne pourrait le croire. L'analogie m'a sauté aux yeux au hasard d'une visite au musée des Beaux-Arts d'Orléans. Au milieu de salles un peu oubliées se dresse un grand tableau de Louis-Maurice Boutet de Monvel, intitulé

L'Apothéose de la canaille et représentant des communards sous les traits d'ivrognes. Les dimensions de l'œuvre, sa perspective, ses couleurs, sans compter sa haine de classe, sont saisissantes. Assez en tout cas pour que je me renseigne plus avant et que je découvre à cette occasion qu'il fut interdit d'évoquer, en paroles ou en peinture, les événements de la Commune pendant une dizaine d'années. La IIIe République était née sur cette interdiction – et ce tableau pompier et réactionnaire date d'ailleurs de 1884. Il a fallu attendre 1881 et la nouvelle loi sur la presse pour que la mention de la Commune soit à nouveau autorisée. Ce n'est qu'en 2016 que l'Assemblée nationale a adopté un texte réhabilitant toutes les victimes de la Commune. Cette réhabilitation bien tardive – presque cent cinquante ans ! – fut présentée par le président socialiste de la commission des affaires culturelles, Patrick Bloche, comme un « acte solennel » par « devoir d'histoire » autant que « de justice »[1].

Tiananmen, tout comme la Commune donc, est un épisode extrême, mettant en scène une violence d'État qui s'abat, en pleine capitale, sur une utopie populaire ; un événement dont la mémoire est niée, brutali-

1. « L'Assemblée réhabilite les communards victimes de la répression », Le Monde.fr, 30 novembre 2016.

sée, annihilée, mais dont les survivants ont maintenu le souvenir, souvent depuis leurs terres d'exil.

Du côté du pouvoir chinois, c'est une amnésie organisée, imposée, structurée qui succède au 4 juin – la journaliste américaine Louisa Lim parle avec justesse d'une « République populaire de l'amnésie[1] ». Dans les jours qui suivent, de même que les Versaillais avaient discrédité les communards, les dépeignant en bande de soudards alcooliques, violents, sans foi ni loi – la caricature était à la mesure de la peur qu'avait éprouvée la bourgeoisie –, les autorités de Pékin dénoncent ceux qui, dans la nuit du 3 au 4 juin, se seraient attaqués aux militaires : des « hooligans », des délinquants, la lie de la société... La télévision diffuse des images d'arrestations et de jugements, et celles de corps calcinés de militaires. On n'hésite pas à montrer également la séquence de l'homme au char pour, comme nous l'avons déjà évoqué, souligner que le pouvoir a fait preuve de retenue.

Puis au déferlement d'images succède le black-out. Progressivement mais sûrement les allusions aux événements se raréfient jusqu'à disparaître complètement. Le pouvoir cherche à rebâtir sa légitimité sur la stabilité économique et sociale. Deng, qui a perdu le soutien de la frange la plus progressiste de la population,

1. Louisa Lim, *The People's Republic of Amnesia: Tiananmen Revisited*, Oxford University Press, 2014.

n'entend pas renoncer aux réformes économiques : sa tournée dans le Sud en 1992 permet de passer à une autre étape, celle de la construction du « socialisme à caractéristiques chinoises ». Priorité est donnée au développement. Regardons vers l'avenir, semble dire Deng. Son retrait de la scène politique qui coïncide avec le décès de Chen Yun, en 1995, marque en effet l'émergence de la Chine parmi les grandes puissances. Et plus le pays est riche, plus le 4 juin s'éloigne des esprits.

Le régime a du reste la victoire discrète. S'il le faut, les dirigeants, interrogés par les journalistes étrangers, renvoient au « verdict » inspiré par l'éditorial du 26 avril du *Quotidien du Peuple* : l'armée a écrasé une rébellion contre-révolutionnaire. Rien à ajouter. Et partout dans le pays, la censure veille. Aucun ouvrage, même scientifique, n'est autorisé – les seuls textes en chinois sur le sujet paraissent à Hong Kong. La presse ne peut y faire référence et les rares fois où des photos ont été publiées, les responsables ont été sanctionnés. Se promener dans une rue avec un simple badge portant mention du « 6-4 » (4 juin) vous promet une arrestation dans les minutes qui suivent. Aujourd'hui, à l'heure d'Internet, les recherches sur ce même 6-4 mènent à des pages censurées. Pour évoquer entre eux les événements de juin 1989, les internautes innovent : ils ne parlent pas du 4 juin mais du « 35 mai ». C'est ainsi qu'une génération a grandi sans savoir ce qui s'est passé dans la nuit du 3 au 4 juin 1989, les manuels d'histoire faisant évidemment l'impasse sur le sujet.

Le sinologue Perry Link, qui a publié les *Tiananmen Papers*, une collecte de documents officiels du Parti lors des troubles [1], et qui est *persona non grata* en Chine, a comparé les censeurs chinois à « un anaconda géant lové dans le lustre du plafond ». Une image qui a frappé Xu Zhiyuan, un essayiste chinois, né en 1976 : « Depuis 2002, date de rédaction de l'article [par Perry Link], le reptile a gagné en dynamisme, on peut le sentir darder sa langue fourchue », écrit-il.

Les anciens dirigeants étudiants, en exil, ont subi, comme les figures de la Commune de Paris, la *damnatio memoriae*, « le pire des châtiments mémoriels », utilisé par le Sénat romain pour condamner à l'oubli les ennemis de l'État : leurs noms sont proscrits [2]. Les plus connus d'entre eux ne peuvent retourner voir leurs familles. Wu'er Kaixi – le numéro deux sur la liste des personnes recherchées après l'intervention

1. On n'a aucune raison de douter de la provenance de ces documents, bien que l'information n'ait jamais été confirmée.

2. Je reprends ici des éléments de l'étude très intéressante d'Éric Fournier dans *La Commune n'est pas morte. Les usages politiques du passé de 1871 à nos jours*, Montreuil, Libertalia, 2013.

de l'armée – a tenté à plusieurs reprises de se rendre en Chine pour voir ses parents souffrants. En vain.

En haut lieu, quand il faut en passer par là, on utilise un euphémisme qui nous rappelle les fameux « événements d'Algérie » (dont les zones d'ombre se dévoilent elles aussi lentement) : « les troubles de Pékin ».

La comparaison avec la Commune nous offre aussi de quoi saisir les rapports entre l'histoire officielle et la mémoire. Comme l'a montré l'historien Éric Fournier, juste après la répression parisienne, dans une jeune IIIe République encore marquée par l'ordre moral, c'est la mémoire des vainqueurs qui s'est imposée. Mais il y eut une mémoire clandestine : le souvenir de l'expérience politique et de la Semaine sanglante a été perpétué non seulement en France mais aussi en exil par celles et ceux qui avaient été déportés ou avaient fui. Il existe de même en Chine une mémoire « intérieure » du massacre. Elle s'incarne en premier lieu dans l'association des Mères de Tiananmen, dont la figure de proue est Ding Zilin. Depuis la mort de son fils de dix-sept ans, tué par l'armée dans la nuit du 3 au 4 juin, elle n'a cessé de se battre pour que la vérité soit connue. L'association écrit chaque année une lettre ouverte à l'Assemblée nationale demandant la lumière sur les faits. Elle tente aussi d'établir un bilan du nombre de morts.

Mais ces démarches ne sont jamais médiatisées et, à l'approche de chaque anniversaire, la surveillance redouble autour de l'association : il est alors impossible pour des étrangers de rencontrer Ding Zilin.

Il faut aussi citer, évidemment, le courage obstiné de l'intellectuel Liu Xiaobo qui fut jusqu'à sa mort, en 2017, un combattant infatigable de la mémoire. Souvenons-nous que lorsqu'il se vit décerner le prix Nobel de la paix, en 2010, pour « sa lutte longue et non violente en faveur des droits fondamentaux en Chine », il dédia, depuis sa prison, cet hommage aux « âmes en peine » du 4 juin. Dans le discours lu en son absence à Stockholm, le 10 décembre 2010, il rappelle que la mobilisation a été un « tournant majeur » de sa vie : « Vingt ans ont passé, mais les fantômes du 4 juin n'ont toujours pas trouvé la paix. » Liu Xiaobo fait partie de ceux qu'on a appelés les « quatre gentlemen », les quatre personnalités – dont la star taïwanaise, le chanteur Hou Dejian – qui ont pris fait et cause pour les étudiants et se sont installés avec eux sur la place. Les conséquences de sa mobilisation ont été lourdes pour Liu Xiaobo : arrêté une première fois, il se lance dans une critique publique du pouvoir. Dès lors, le joug communiste sera sans pitié : il est privé de sa liberté de parole et passe le reste de son existence entre résidence surveillée et prison – où il mourra. À partir de 1989, à chaque anniversaire du massacre, il compose un poème. En 2009, pour le vingtième anniversaire, il écrit ces vers poignants intitulés « Le 4 juin en mon corps » :

Ce jour-là
Semble de plus en plus éloigné
Mais pour moi
C'est une aiguille restée dans mon corps[1].

Mais Tiananmen étant un tabou en Chine – « Ignorer ignorer c'est bien cela ignorer / Quelle importance a l'histoire, tout ce qui compte est le présent » (Liu Xiaobo en 2002) –, c'est depuis leur exil à l'étranger que les principales figures du mouvement ont témoigné. Une bibliothèque entière ne saurait contenir tous les livres qui ont été écrits hors de Chine. Sécheresse d'un côté de la muraille, profusion de l'autre. C'est ici qu'il faut mettre en lumière l'énorme travail de Wu Renhua, que nous avons déjà cité. Étudiant à l'époque, témoin direct de la répression dans la nuit du 3 au 4 juin, il vit aujourd'hui aux États-Unis, toujours hanté par les images du massacre. En archiviste qu'il est devenu à la fin de ses études, il s'est plongé dans tous les documents disponibles. Il en a tiré trois gros ouvrages publiés en chinois aux États-Unis dans lesquels il recense absolument tout ce qu'on peut

1. *Élégies du 4 juin*, Paris, Gallimard, « Bleu de Chine », 2014.

savoir[1]. Wu Renhua a pu notamment préciser la participation des militaires en se basant sur des documents rendus publics par l'armée juste après la tuerie afin de glorifier les « héros » – et retirés de la circulation très rapidement. Trente ans après avoir lutté pour la démocratie au sein du mouvement de Tiananmen, Wu se bat désormais sur un autre terrain, celui de la vérité historique. Il y consacre sa vie.

Mais parmi les petites flammes de la mémoire, le livre le plus marquant est, à mon sens, un livre de littérature : son auteur, Ma Jian, a participé au mouvement avant de quitter la Chine à la fin des années 1990 pour se réfugier en Grande-Bretagne. Dans *Beijing Coma*[2], il mêle fiction et faits réels. Le personnage principal, Dai Wei, est un étudiant tombé dans un profond coma après avoir été touché à la tête par un tir dans la nuit du 3 au 4 juin. Ses souvenirs du mouvement alimentent le récit qui nous emmène jusqu'en 2008, année des Jeux olympiques et de la grandeur retrouvée de la Chine. Autour de Dai Wei, réduit à

1. Successivement *Tiananmen xuexing qingchang neimi* (*Les Coulisses de l'évacuation de la place Tiananmen*), 2007 ; *Liusi shijian zhong de jieyan budui* (*Les Troupes de la loi martiale du 4 juin*), 2009 ; et *Liusishijian quancheng shilu* (*Archives complètes du 4 juin*), 2014.

2. Publié en Grande-Bretagne, l'ouvrage a été traduit en français, sous le même titre, par les éditions Flammarion en 2008.

l'état végétatif, le pays change d'année en année. Ses anciens camarades de lutte ont pris le chemin de l'exil ou ont fait fortune. Sa mère est enrôlée par le Falungong, un mouvement spirituel persécuté par les autorités. Sa maison est cernée par les bulldozers qui rasent les quartiers et rénovent la capitale. De son corps immobile, le héros assiste à l'impitoyable mouvement du temps qui efface le souvenir de Tiananmen, le réduit à néant, et consacre la victoire du régime. La métaphore de la place publique court dans les pages du roman. Car si le corps du héros est devenu un « piège, une place sans issues », son propriétaire s'est battu pour un autre espace :

> La place Tiananmen était le cœur de notre nation, un vaste espace ouvert où des millions de minuscules cellules pouvaient se rassembler afin de s'oublier et, plus important encore, d'oublier les murs épais et oppressants qui les enfermaient[1]…

À la fin du roman, son corps est devenu l'étroit cercueil d'un vaste espoir.

Ceux qui entretiennent la flamme de la mémoire habitent des pays anglophones, même si certains dissidents ont été accueillis en France et plus récemment

1. *Ibid.*, p. 409.

en Allemagne. Hong Kong, ville-frontière, occupe dans ce panorama une place particulière. En 1989, beaucoup d'étudiants ont fui en passant par son territoire et en profitant de ses liaisons internationales, la ville étant encore colonie britannique. Certains même y sont restés. En raison de ces liens et de la proximité avec la Chine continentale, la mémoire du 4 juin est toujours vive à Hong Kong. Chaque année, une veillée est organisée en mémoire des « âmes en peine » de Tiananmen. Même si l'affluence a baissé au fil du temps, ce bout de Chine, devenu en 1997 un territoire de la République populaire, continue de se souvenir. C'est le seul lieu chinois, avec Taïwan, où la mémoire est possible. Entre 2014 et 2017, il a même existé un petit musée consacré aux événements – il est aujourd'hui sans lieu fixe, preuve de l'influence grandissante de Pékin sur l'île.

Un « sphinx qui met l'entendement bourgeois à rude épreuve », c'est ainsi que Marx a vu la Commune. Gageons que la mobilisation de mai-juin 1989 a aussi éprouvé les convictions des dirigeants du PCC. Et qu'elle n'a pas fini de nous poser question. La Commune a-t-elle été une aurore ou un crépuscule ? se demandent les historiens[1]. Retournons l'interrogation : Tiananmen

1. Éric Fournier, *La Commune n'est pas morte. Les usages politiques du passé, de 1871 à nos jours*, *op. cit.*, p. 7.

marque-t-il la fin d'une époque ou le début d'une autre ? Je pencherais pour la deuxième hypothèse : du massacre est né un régime plus robuste, plus efficace et plus cohérent que jamais. Un voile s'est posé sur les aspirations libérales de la société. Les nuits, néanmoins, ne sont pas éternelles.

Deuxième partie

Les rêves pieux de l'Occident

Chapitre 1

Le paradoxe de Tiananmen

Les Occidentaux, certains d'être portés par le sens de l'histoire, se sont longtemps bercés d'illusions. Alors même que le régime communiste avait réprimé dans le sang le mouvement démocratique, les capitales occidentales étaient persuadées que tôt ou tard adviendrait une ouverture politique à Pékin. Après plus de quarante ans de guerre froide entre Washington et Moscou, la démocratie, cette idée née en Europe, ne manquerait pas de s'imposer au reste du monde. Tout semblait confirmer cette thèse : l'horizon se dégageait. Ainsi, à la fin de la période sombre des années 1970, en Amérique latine, les dictatures militaires qui avaient imposé leur loi d'airain (Chili, Argentine...), avec le soutien des États-Unis, disparaissaient progressivement de la scène politique, laissant les commandes aux civils. En Afrique du Sud, l'apartheid était aboli en juin 1991, un an après la libération de Nelson Mandela, devenu le symbole de la lutte contre ce système raciste. En Europe, le camp soviétique était emporté par un printemps des peuples. Dans cette optique, Tiananmen n'était qu'un accident.

Du reste, la chute du mur de Berlin à l'automne 1989 puis, deux ans plus tard, la désintégration de l'URSS semblaient accréditer l'idée développée par l'Américain Francis Fukuyama. Dans un article publié à l'été 1989 par la revue *The National Interest*, le directeur adjoint du service de planification du département d'État reprenait la notion hégélienne de « fin de l'histoire ». Si, pour le penseur allemand, elle avait eu lieu en 1806 lorsque Napoléon avait triomphé de l'armée prussienne à Iéna, c'est pour Fukuyama avec le triomphe de la démocratie libérale et des valeurs universelles qu'elle s'imposait :

> Ce à quoi nous pourrions assister, ce n'est pas seulement la fin de la guerre froide ou l'avènement d'une période particulière de l'histoire d'après-guerre, mais bien la fin de l'histoire en tant que telle : c'est-à-dire le point final de l'évolution idéologique de l'humanité et l'universalisation de la démocratie libérale occidentale comme forme finale de gouvernement humain.

Un pied de nez à ceux qui croyaient ferme aux idées de Karl Marx, dérivées de celles de Hegel, et pensaient que la fin de l'histoire arriverait avec l'avènement du communisme ; alors toutes les contradictions en œuvre dans la société humaine s'évanouiraient…

Le deuxième printemps de Pékin avait donc été réprimé dans le sang en juin 1989, mais ce n'était qu'une question de temps, comme le soulignait le président François Mitterrand, assenant qu'un pouvoir qui tirait sur sa jeunesse n'avait pas d'avenir. Pour la grande commémoration du bicentenaire de sa Révolution, le 14 juillet 1989, à laquelle participaient une trentaine de chefs d'État et de gouvernement, la France célébra les opposants de la place Tiananmen lors d'un défilé sur les Champs-Élysées mis en scène par le chorégraphe Jean-Paul Goude. Autour d'un immense tambour, des étudiants chinois de Paris, le front ceint d'un bandeau blanc où était écrit en mandarin « Liberté, Égalité, Fraternité », ouvraient la marche, poussant des bicyclettes sur fond d'Arc de Triomphe. La foule les acclamait. La Chine avait été l'un des rares pays à ne pas retransmettre l'événement, dénonçant une « attaque insidieuse contre l'écrasement de la rébellion contre-révolutionnaire à Pékin par le gouvernement chinois » et « une ingérence grossière dans les affaires intérieures du pays »[1].

Dans le même temps s'organisait avec le soutien de la diplomatie française la plus incroyable et

1. « Pékin proteste contre la présence d'étudiants chinois dans la parade du 14 Juillet », *Le Monde*, 19 juillet 1989.

audacieuse opération d'exfiltration de dissidents de l'histoire. Son nom de code, Yellow Bird (« oiseau jaune » ou loriot), était tiré d'une expression chinoise : « La mante religieuse poursuit la cigale, l'oiseau jaune est derrière. » Elle est utilisée dans l'ex-empire du Milieu pour signifier que l'on poursuit un but sans être conscient du danger. Les risques encourus par ceux qui participèrent à cette vaste entreprise furent grands en effet. Mais elle permit à des dizaines de militants et étudiants ayant participé au mouvement de Tiananmen de fuir leur pays.

En juin 2014, à l'occasion du vingt-cinquième anniversaire de la répression, *Le Monde* a reconstitué, à l'aide de témoignages de protagonistes hongkongais, chinois et français, la genèse de cette aventure. Hong Kong, sous souveraineté britannique, en était la plaque tournante. Des hommes d'Église, des militants, des truands, des personnalités du cinéma de la colonie britannique ont été de la partie. Et c'est au consulat de France qu'ils ont rencontré leurs meilleurs alliés pour permettre aux « oiseaux » pourchassés de gagner Paris[1]. Jusqu'en février 1990, cent cinquante dissidents ont trouvé refuge dans la capitale française. Parmi eux, les plus connus, la pasionaria Chai Ling et son mari Feng Congde, Wu'er Kaixi, l'étudiant ouï-

1. Florence de Changy et Brice Pedroletti, « Tiananmen, la grande évasion », *Le Monde*, 5 juin 2014.

ghour qui a tenu tête en direct à la télévision au Premier ministre Li Peng, ou Yan Jiaqi, un des principaux intellectuels du mouvement démocratique. Mais, peu à peu, la plupart ont quitté la Ville Lumière, attirés par les feux des États-Unis.

En janvier 1992, l'Assemblée générale des Nations unies à New York fut le cadre, à l'occasion d'un déjeuner offert par le secrétaire général, d'une rencontre entre François Mitterrand et le Premier ministre chinois Li Peng, l'un des acteurs de la répression de Tiananmen. La presse officielle chinoise rapporta avec délice les propos du président français qui « normalisait », comme on dit en langage diplomatique, les liens : « Il n'y a pas beaucoup de divergences entre les deux pays[1]. » Ainsi, après les condamnations et après une suspension temporaire des échanges scientifiques, culturels et universitaires, les pays occidentaux reprenaient le cours de leurs relations habituelles. La France a parachevé sa réconciliation sous la présidence de Jacques Chirac, grand ami de Pékin : sa visite en Chine en mai 1997 fut l'occasion de mettre en scène ces retrouvailles. Auparavant, la diplomatie française avait décidé de ne plus s'associer aux résolutions condamnant la Chine au sein de la Commission des droits de l'homme à Genève. Ce fut la fin de la

1. « Le Premier ministre chinois a su tirer profit du sommet de New York », *Le Monde*, 2-3 février 1992.

« confrontation polémique » sur ce sujet délicat et le début d'une critique à huis clos, censée être beaucoup plus productive. C'est ce qu'a réaffirmé Emmanuel Macron lors de sa première visite en Chine, en janvier 2017 :

> Je peux me faire plaisir en donnant des leçons à la Chine, en parlant à la presse française. Ça s'est beaucoup fait, ça n'a aucun résultat. C'est totalement inefficace. Je crois à la diplomatie du respect réciproque, on doit travailler dans la durée.

Les Occidentaux, désireux désormais de ne plus froisser Pékin et de ménager leurs intérêts économiques, nourrissaient aussi un autre espoir : si les manifestations n'étaient pas venues à bout du régime communiste, ce dernier serait peut-être soluble dans le développement des échanges et du commerce. Le Petit Timonier Deng Xiaoping avait relancé en 1992 la politique de réforme et d'ouverture lors d'une tournée dans le sud du pays, à Shenzhen, port de pêcheurs aux portes de Hong Kong qui allait se transformer en mégapole. Les Américains s'en réjouissaient et jouaient la prudence politique. D'ailleurs, au lendemain de la répression, alors que la Chine était prompte à dénoncer la volonté de Washington de soutenir des révolutions pacifiques dans les pays communistes, le président américain George Bush s'était bien gardé d'insulter l'avenir et n'avait pas rétorqué.

L'une de ses rares prises de position publiques dans la foulée du massacre de Pékin fut une offre d'asile politique au couple de dissidents réfugié à l'ambassade américaine à Pékin – l'astrophysicien Fang Lizhi et son épouse Li Shuxian, professeure de physique à Beida. Mais lorsque ces derniers arrivèrent aux États-Unis, un haut responsable de l'administration Bush contacta un ami du couple pour faire passer le message suivant : qu'ils évitent de mentionner qu'ils sont les « hôtes du président Bush[1] ». Pour l'ancien secrétaire d'État américain Henry Kissinger, l'un des acteurs du rapprochement entre Washington et Pékin dans les années 1970, George Bush opéra ce « numéro d'équilibriste avec dextérité et élégance » : le président accepta de prendre des sanctions envers la Chine tout en cherchant à adoucir les demandes plus sévères du Congrès[2].

Trois semaines après la répression, il envoya secrètement deux émissaires dans la capitale chinoise, où ils rencontrèrent Deng Xiaoping, le Premier ministre Li Peng et le ministre des Affaires étrangères Qian Qichen. Mais Deng rejeta sur les États-Unis la

1. Le sinologue Perry Link, qui était proche du couple, l'évoque dans un livre passionnant : *Evening Chats in Beijing*, New York, W. W. Norton & Company, 1992, p. 47-48.

2. Henry Kissinger, *De la Chine*, Paris, Fayard, 2012, p. 405.

responsabilité des tensions et resta insensible aux propositions de dialogue : « Ce fut un épisode stupéfiant et il est très regrettable que les États-Unis en soient trop profondément partie prenante[1]. » Aux deux envoyés américains, il lança : « Vous avez mis la Chine au pied du mur ! » Le ton se fait menaçant ; la politique de rapprochement mise en œuvre par le président Richard Nixon dans les années 1970, à l'occasion de sa visite historique et de sa rencontre avec Mao en 1972, est en jeu. Si vous renversez la République populaire de Chine, prévient Deng, « le monde en sera changé ». Et il ajoute, achevant de dresser un tableau d'apocalypse : « Pour être franc, cela pourrait même conduire à la guerre. » Les représentants américains, rapporte Kissinger, tentèrent de limiter les dégâts potentiels. Ils concédèrent que le traitement des manifestations était une affaire intérieure chinoise mais mirent en avant les valeurs de leur pays : « Ce que le peuple américain a perçu dans les manifestations qu'il a vues, à tort ou à raison, c'est l'expression de valeurs qui représentent ses convictions les plus chères, issues de la révolution américaine. » Les deux parties se séparèrent sans aucun accord. Il fallut attendre 2001 et les attentats du 11 septembre aux États-Unis pour assister à un réel rapprochement.

1. *Ibid.*, p. 407.

Pékin n'avait donc pas basculé mais il succomberait assurément à l'ouverture économique. Qui dit réforme économique dit réforme politique. Et démocratique bien sûr... Ce fut le nouveau dogme. On s'appliqua à y croire. On le diffusa. Il ne fut jamais aussi bien défendu que durant les négociations qui permirent à la Chine d'entrer à l'Organisation mondiale du commerce (OMC) en 2001. Pendant les débats qui précédèrent la décision, il apparut que l'un des soutiens les plus importants de cet élargissement était le président américain Bill Clinton. Son discours prononcé le 8 mars 2000 à l'université Johns Hopkins contenait tous les éléments de la nouvelle croyance : l'économie serait l'arme capable de transformer le régime communiste chinois en une démocratie libérale[1]. Les États-Unis pouvaient-ils se permettre de tourner le dos à la Chine ?

Si c'était le cas, d'autres bénéficieraient de la manne que représente l'immense marché de ce pays. Et il soulignait que cela permettrait aux États-Unis d'exporter leurs produits sans déplacer les usines hors de leurs frontières. Près de vingt ans plus tard, la phrase

1. « Full Text of Clinton's Speech on China Trade Bill », discours prononcé le 8 mars 2000 à Washington à la Paul H. Nitze School of Advanced International Studies de l'université Johns Hopkins.

résonne étrangement au regard des délocalisations innombrables et du déficit budgétaire imposant. Mais qu'importe, la question n'était pas qu'économique, assurait déjà Bill Clinton, se parant de toute attaque. C'était l'intérêt national qui était en jeu. Les États-Unis devaient saisir cette occasion unique, depuis le voyage de Nixon, suivi de la normalisation des relations entre les deux grandes puissances, de « créer un changement positif en Chine ». Ainsi, en rejoignant l'OMC, la puissance asiatique accepterait « l'une des valeurs les plus chères de la démocratie : la liberté économique ». Car, la Chine, en ouvrant ses marchés, va libérer le potentiel de son peuple : « Et lorsque les individus auront le pouvoir, non seulement de rêver mais aussi de réaliser leurs rêves, ils réclameront voix au chapitre », prophétise-t-il.

De plus, en quittant le modèle communiste, le gouvernement perdrait une partie au moins de son pouvoir de régir chaque aspect de la vie de ses citoyens. Clinton y croyait. Jusqu'à formuler un présage : « Le génie de la liberté ne retournera pas dans la bouteille. » Avant de reconnaître, dans un accès d'ultime prudence, qu'« attirer la Chine au sein de l'OMC ne garantit pas qu'elle choisira la réforme politique »...

Symboliquement, Bill Clinton se targue à la fin de son discours du soutien de ceux qui militent en faveur de la démocratie en Chine et à Hong Kong. Et il se place sous leurs bons auspices, jugeant que si l'entrée à l'OMC était un cheval de Troie, ils le sauraient : « Ils nous disent que c'est la bonne chose à faire. Et ils ont parfaitement raison. » Les anciens de Tiananmen se trouvent ainsi enrôlés dans cet exercice de conviction. Résumons le nouveau credo : la Chine va rejoindre l'OMC, le club des pays capitalistes. Elle va ouvrir son marché, développer son économie. De nouveaux consommateurs vont émerger, une classe moyenne se constituer. Pour finir, elle ne manquera pas de réclamer la démocratie.

Un passage de ce discours, rétrospectivement, dénote un grave aveuglement : Bill Clinton évoque l'Internet, ce réseau des réseaux qui, depuis le milieu des années 1990, bouleverse la société et annonce la nouvelle révolution technologique emmenée par les grandes sociétés de la Silicon Valley.

> Nous savons à quel point Internet a changé l'Amérique et nous sommes déjà une société ouverte, avança-t-il. Imaginez à quel point cela peut changer la Chine. Maintenant il ne fait aucun doute que la Chine a essayé de réprimer Internet. Mais bonne chance ! C'est un peu comme essayer d'accrocher de la gélatine au mur !

Cette saillie déclencha l'hilarité du public de l'université Johns Hopkins. Mais près de vingt ans plus tard, les Chinois ont réussi l'impossible : accrocher la gélatine au mur… Et personne n'a plus envie de rire. L'Internet est devenu un intranet, ce qu'aucun expert n'avait pensé envisageable.

D'ailleurs, si Bill Clinton incarne le credo de l'avancée démocratique par le développement économique, quelques années plus tard, Hillary Clinton surfe plutôt sur l'opinion, largement partagée aux États-Unis, que si l'économie ne suffit pas à démocratiser la Chine, l'Internet, ce réseau des réseaux, peut représenter un outil efficace. Autre illusion.

Sous le premier mandat du président Barack Obama, entre 2009 et 2013, la secrétaire d'État théorise une diplomatie de l'ère numérique. Elle expose les principes de ce « *21st Century Statecraft* » le 21 janvier 2010, au Newseum, le musée de la presse de Washington. Il est difficile de donner une définition précise en français de *statecraft* : il s'agit de « l'art de conduire les affaires du gouvernement », si l'on se reporte au dictionnaire Merriam-Webster, la bible de l'anglo-américain. Traduisons donc le titre de sa conférence par « Gouvernance du XXIe siècle ». En tout cas, le lieu choisi convient parfaitement – un musée consacré à l'information et au journalisme à deux pas du Capitole.

En ce début d'une nouvelle décennie, le monde démocratique est persuadé que l'Internet, né aux États-Unis mais adopté par toute la planète, est un moyen de régénérer la démocratie – on parle alors de démocratie participative, d'initiatives citoyennes, de capacités d'action retrouvées. De surcroît, depuis les grandes manifestations en Iran à la suite de l'élection présidentielle, en 2009, les réseaux sociaux sont vus comme de formidables outils d'émancipation. Ils contribuent à lutter contre la propagande, permettent de diffuser des informations autrefois étroitement contrôlées, ouvrent les esprits, stimulent les plus audacieux. Hillary Clinton ne manque pas de faire l'éloge de ces « journalistes citoyens [qui] continuent à utiliser la technologie pour montrer au monde et à leurs compatriotes et citoyens ce qui se passe dans leur pays », résistant aux pressions de leur gouvernement. « En parlant au nom des droits de l'homme, les Iraniens ont inspiré le monde », clame-t-elle. Dans le public se trouve un jeune blogueur égyptien, Bassem Samir. Il dirige une petite délégation venue pour se former aux nouvelles technologies à l'invitation d'une ONG financée par le département d'État, qui enseigne l'utilisation des caméras et la publication des vidéos en ligne. Lors des soulèvements de février 2011 dans leur pays, ses camarades et lui seront aux premiers rangs, place Tahrir, recueillant les images des manifestants face aux forces de Hosni Moubarak et les diffusant dans le monde entier. Quelques jours avant la conférence donnée par Hillary Clinton, il se trouvait en prison, en Égypte, arrêté tout comme une trentaine d'autres activistes. La secrétaire d'État salue sa présence dans la salle.

Il règne alors une certaine euphorie parmi les pays démocratiques où l'on croit que le téléphone portable et les réseaux sociaux sont les alliés du combat pour la liberté. Cet optimisme sera renforcé par les « printemps arabes », la série de contestations des régimes autoritaires qui se propagent du Maghreb à la Syrie en passant par l'Égypte et qui balaient le Tunisien Zine el-Abidine Ben Ali en janvier 2011 et le Libyen Mouammar Kadhafi, lynché en octobre de la même année.

Par une de ces sombres ironies dont l'histoire a le secret, huit mois auparavant, le dictateur libyen avait évoqué le massacre de Pékin. Confronté à la contestation des habitants de Benghazi, il avait juré qu'il saurait s'inspirer du régime communiste :

> Les gens face aux chars ont été écrasés. L'unité de la Chine était plus importante que la vie de ceux qui étaient sur la place Tiananmen… Lorsqu'il y a eu Tiananmen, les chars ont été envoyés pour s'occuper d'eux. Ce n'est pas une plaisanterie. Je ferai tout ce qui est en mon pouvoir pour qu'aucune partie du pays ne soit arrachée.

Puisqu'elle est devenue politique, les États-Unis sont bien décidés à diriger cette lutte en faveur du droit à l'information et à la connexion. Barack Obama ne se prive pas de le dire, en novembre 2009, lors de sa toute première visite en Chine. Devant des étudiants de Shanghai, il explique que la liberté d'expression et celle d'accéder à l'information, ainsi que la liberté de participation politique, sont des droits universels. « Elles devraient être accessibles à tous, y compris aux minorités ethniques et religieuses, que ce soit aux États-Unis, en Chine ou dans n'importe quelle nation. » Lors de la session de questions-réponses, on l'interroge sur la « Grande Muraille virtuelle » (*Great Firewall*) mise en place par Pékin et sur le blocage de Twitter. Dans sa réponse, le président américain plaide pour l'ouverture :

> Plus l'information circule librement, plus les sociétés sont fortes, car dans ce cas de figure les citoyens du monde entier peuvent demander des comptes à leurs gouvernements. Ils peuvent commencer à penser par eux-mêmes. Cela génère de nouvelles idées. Cela encourage la créativité.

Il se présente aussi comme un grand fan de l'absence de censure. Ironie de la situation, le discours ne sera pas retransmis sur les chaînes officielles chinoises.

Mais qu'importe puisque, en Chine, ce n'est qu'une question de temps. Durant vingt ans, les pays occidentaux ont ainsi cru que le destin de l'ex-empire du Milieu serait peu ou prou celui des pays à l'est du mur de Berlin. Et pendant ce temps ils ont loué avec une grande bonne conscience son formidable boom économique, fantasmé à loisir sur son essor urbain et sa modernisation à vitesse grand V. Combien de couvertures de magazines, d'ouvertures de journaux et d'essais glorifiant cette nouvelle prospérité !

Chapitre 2

Un contrat social efficace ?

Aveuglés par une certaine arrogance et fermement convaincus que la Chine allait se démocratiser via le marché puis l'Internet – deux leviers miraculeux –, les Occidentaux ont minimisé, voire nié, la capacité du régime communiste à se réarmer idéologiquement. Certains experts se sont même spécialisés dans la prédiction de la chute imminente du régime communiste. Ainsi, tel l'inquiétant personnage annonçant la fin des temps dans l'album de Tintin *L'Étoile mystérieuse*, l'essayiste américain Gordon G. Chang a affirmé « l'effondrement imminent de la Chine en 2006 », se basant sur les faiblesses de l'économie chinoise, en particulier du secteur bancaire[1]. Alors que les faits lui donnaient tort, il a maintenu sa position, reculant chaque année la date décisive, avec le même aplomb.

1. Gordon G. Chang, *The Coming Collapse of China*, New York, Random House, 2001.

Cette assurance d'une immense fragilité du régime a été largement partagée. « Quand le Parti communiste va-t-il tomber ? » était devenu en Occident une des questions rituelles adressées à quiconque s'intéressait à la Chine et l'un des thèmes de réflexion des politologues. Pour détourner le slogan utilisé par les communistes chinois dans les années 1950, l'URSS d'hier – et sa désintégration – ne pouvait être que la Chine de demain[1] !

Les bons connaisseurs sont aujourd'hui plus prudents. On peut même parler d'un net changement de ton. Bien sûr, on continue de guetter les vulnérabilités du système. Mais en tenant compte d'une forme de robustesse du régime. En 2018, le sinologue Jean-Pierre Cabestan le résume ainsi :

> [...] croire que ces difficultés peuvent à elles seules faire trébucher le régime actuel sous-estime la solidité du contrat social non écrit – et probablement d'adhésion et léonin – que le PC a passé avec la société chinoise, ou plutôt imposé à celle-ci[2].

1. En janvier 2018, un ancien diplomate taïwanais, Rex Wang (Wang Shirong en mandarin), a publié à Taïwan un livre au titre sans équivoque, *La Chine s'effondrera en 2031*. Pour lui, la raison en sera une lutte de pouvoir féroce avant le 22e congrès du Parti prévu cette année-là.

2. Jean-Pierre Cabestan, *Demain la Chine : démocratie ou dictature ?*, Paris, Gallimard, 2018, p. 19.

Un contrat, donc, qu'il faut interroger et qui est longtemps passé inaperçu aux yeux des observateurs tant ses termes sont difficiles à saisir.

En réalité, à partir de la fin des années 1990, le renouvellement du personnel politique a donné lieu à une opération de reconquête idéologique qui est, avec l'amélioration de la situation économique, à la source de la résilience du pouvoir communiste. Ce que les Occidentaux n'ont pas voulu voir, c'est l'intense travail qui a été accompli pour redonner une légitimité au Parti. Pendant trente ans de réformes économiques, un courant inverse, une forme de contre-réforme conservatrice, a irrigué la société chinoise. Comme l'Église catholique menacée par la religion nouvelle protestante au XVIe siècle, les hauts cadres du régime, obsédés par l'influence des Occidentaux, ont déployé d'immenses efforts pour conserver le contrôle des âmes. Ils ont revu leurs dogmes, les ont adaptés aux temps nouveaux et les ont imposés avec une nouvelle vigueur.

Après un double traumatisme – Tiananmen et chute de l'Union soviétique –, il y avait urgence. La force stratégique de Deng Xiaoping, après le 4 juin 1989, fut de ne pas céder à ses alliés du moment, les conservateurs. Il savait qu'il n'était pas dans l'intérêt du pays de retourner à l'économie dirigée des années 1950, comme le prônait son rival conservateur Chen Yun. Il mit l'accent, de nouveau, sur le développement économique. En 1992, il effectua sa fameuse tournée dans le sud du pays jusqu'à Shenzhen pour rappeler l'importance de la politique de réforme et d'ouverture. Mais il fit en sorte – et le martela – que le Parti reste seul au pouvoir. Ses héritiers, successivement Jiang Zemin, Hu Jintao et Xi Jinping, s'en tiendront à cette ligne, l'adaptant selon les circonstances et permettant à la Chine de devenir l'usine du monde et la deuxième puissance économique mondiale : Jiang ouvrit le Parti aux nouveaux entrepreneurs, Hu aux considérations écologiques. Le mandat de Xi s'ouvre en 2012. Il s'inscrit dans cette continuité mais va plus loin. Il est celui dont la reprise en main idéologique est la plus évidente, la plus lisible. Il est l'artisan d'un nouveau tour pris par la contre-réforme. Tout en continuant à développer une Chine parfaitement adaptée à la compétition capitaliste mondiale, il renoue dans ses discours avec des lieux communs empruntés à l'imaginaire du Parti des années 1950, qui, à ses yeux, correspondent à un âge d'or : c'est le maoïsme d'avant les excès du maoïsme. Alors qu'on l'avait cru de sensibilité réformatrice, proche d'un Gorbatchev, Xi se révèle dès les premiers mois de son mandat être un cacique du Parti.

Pour que le pouvoir reste aux mains du Parti, Xi Jinping commence par dessiner une nouvelle ligne en assumant toute l'histoire de la Chine communiste. Pas question d'utiliser Deng pour critiquer Mao

– comme pourraient le faire les réformateurs – ni de mettre en avant Mao pour se débarrasser des acquis de Deng – ce que sont tentés de faire les conservateurs et autres néomaoïstes. Tel le pape à la tête de l'Église catholique, le premier secrétaire se voit comme le dépositaire d'une histoire qui a quitté le domaine de la politique pour entrer dans celui de la tradition – une histoire sainte, inattaquable.

À la télévision et au cinéma, l'appareil de propagande remet au goût du jour les grands récits héroïques, les figures de martyrs, les destins des combattants de la première heure. Cette offensive veut gagner les cœurs et les esprits[1]. D'ailleurs, Xi Jinping s'empare volontiers d'un épisode fondateur du Parti communiste, celui de la Longue Marche, à l'issue de laquelle les troupes communistes pourchassées par les troupes nationalistes rallièrent, exsangues, Yan'an dans le nord-ouest du pays et y établirent leur fief. Mao Zedong, qui avait pris le contrôle du Parti durant cette expédition qui dura deux ans (1934-1936), en fit le lieu de la conquête du pouvoir. En octobre 2016, au palais de l'Assemblée du Peuple, Xi Jinping célèbre les quatre-vingts ans de cet épisode historique et délivre un discours d'une heure devant un auditoire où ont pris place des survivants de cette épopée.

1. Je me permets de renvoyer à mon ouvrage précédent, *Dans la tête de Xi Jinping*, Paris, Solin-Actes Sud, 2017.

> Un pays qui oublie ses origines se retrouvera dans une impasse [...]. Quels que soient notre stade de développement et l'ampleur de nos réalisations, nous devons poursuivre l'esprit de la Longue Marche et nous engager dans une nouvelle Longue Marche.

Cette offensive idéologique va de pair avec un contrôle accru de l'histoire. Une loi adoptée en avril 2018 protège les héros et les martyrs de nouveau en vogue sous Xi[1]. Les contrevenants sont passibles d'amendes ou obligés de présenter des excuses publiques. Ceux qui comme Yang Jisheng, un ancien journaliste de l'agence officielle Chine Nouvelle, tentent de mener des recherches sur le passé sans œillères peuvent être désormais poursuivis s'ils mettent en cause la version officielle[2].

Xi assume aussi plus clairement encore que ses prédécesseurs les emprunts aux valeurs traditionnelles chinoises, rejetées sous Mao comme contre-révolutionnaires. Cet alliage, conjuguant retour au maoïsme des années 1950 et exaltation du confucianisme, du taoïsme et du bouddhisme, est l'une des

1. Chun Han Wong, « China Guards Its Historical Heroes With New Law », *Wall Street Journal*, 27 avril 2018.
2. Son livre – une somme – sur la grande famine provoquée par le Grand Bond en avant, entre 1958 et 1961, a été publié en français sous le titre *Stèles* (Seuil, 2012).

clefs du travail de reconquête. Mêlant la séduction à la contrainte, il s'accompagne d'un discours sur la fierté retrouvée, teinté d'une rhétorique antioccidentale. Le Parti communiste se présente comme l'héritier naturel des « cinq mille ans » d'histoire de la civilisation chinoise. Ce qu'illustre la leçon que donne Xi Jinping à Donald Trump, en novembre 2017, à l'occasion de la première visite d'État du président américain, devant les caméras de la télévision chinoise, en plein cœur de la Cité interdite. « Nous avons trois mille ans d'histoire écrite », commence Xi Jinping, Donald Trump intervient : « J'imagine que la culture la plus vieille, c'est l'Égypte avec huit mille ans. – Certes, elle est un peu plus ancienne, répond Xi avant d'asséner à son hôte : Mais l'unique civilisation qui se poursuit sans interruption est la Chine. » Déambulant main dans la main avec son épouse Melania, Donald Trump poursuit : « Donc c'est l'origine de votre culture ici ? » Xi Jinping s'arrête. Il désigne son visage puis son corps. « Oui et les gens comme nous remontent à environ cinq mille ans. Cheveux noirs et peau jaune. Nous nous appelons les descendants du dragon, plaisante-t-il. – *Great !* » conclut Trump en riant.

Longtemps, pour les observateurs, tout cela n'a été que du folklore. Pourtant, l'imaginaire mis en œuvre a beau nous sembler clinquant, il est à prendre au sérieux. La pérennité du Parti communiste à la tête de la Chine oblige à en reconsidérer la force. Cette propagande, flattant la nostalgie et l'orgueil national, n'est pas un simple effet de mode, elle est le produit d'une réflexion théorique qui commence au lendemain de Tiananmen et dont un personnage, Wang Huning, sera l'emblème.

Chapitre 3

L'idéologue en chef

Wang Huning est aujourd'hui le numéro cinq dans la hiérarchie du PCC. Xi Jinping a fait sortir de l'ombre ce conseiller discret des dirigeants précédents. L'ancien universitaire est désormais en pleine lumière, visible à chaque retransmission télévisée des congrès et pendant les grands événements politiques. Né en 1955, il appartient à cette génération qui a tenté de redonner au régime une légitimité perdue après la répression de Tiananmen en imposant des idées issues du courant néo-autoritaire, dont il a été l'un des promoteurs fin 1988, début 1989.

Sorti d'une des premières promotions d'enseignants de l'après-Révolution culturelle, Wang Huning entre au PCC en 1984 et se révèle d'abord un professeur brillant, apprécié de ses élèves à la prestigieuse université Fudan, à Shanghai. Cependant, avant cette carrière sans accroc, son enfance singulière le distingue de ses contemporains. En 1966, son père, un officier de l'armée, est attaqué par les fanatiques maoïstes pour avoir défendu, dix ans plus tôt, le général Peng Dehuai, qui avait osé critiquer Mao. Pour éviter à ses trois enfants de subir des représailles, le père les enferme à la maison et les occupe en leur faisant notamment recopier des extraits des œuvres choisies… du Grand Timonier. Au moment où les jeunes sont envoyés à la campagne pour y être éduqués par le peuple, en 1968, l'adolescent échappe au destin de sa génération car il est de santé fragile. Il n'est donc pas un « jeune instruit », comme on appelle ceux à qui l'on a fait volontairement découvrir les difficultés de la vie paysanne à l'époque maoïste[1]. Il profite de cette période pour lire énormément, y compris des classiques de la littérature étrangère officiellement bannis.

En 1972, Wang Huning entre à l'université normale de Shanghai, dans un cursus de langues étrangères. Parmi ses lectures figurent des classiques du marxisme, la *Critique du programme de Gotha* de Karl Marx, *L'Idéologie allemande* et *La Sainte Famille* de Friedrich Engels et Karl Marx, *L'État et la Révolution* et *L'Impérialisme, stade suprême du capitalisme*, deux textes de Lénine. Il intègre ensuite la prestigieuse université Fudan de Shanghai où il étudie la politique

1. Michel Bonnin, *Génération perdue. Le mouvement d'envoi des jeunes instruits à la campagne en Chine, 1968-1980*, Paris, Éditions de l'École des hautes études en sciences sociales, 2004.

française, puis l'économie et l'histoire de la pensée politique occidentales. C'est finalement la science politique qui sera sa spécialité. Wang Huning participe au renouveau de cette discipline en Chine après la période de la Révolution culturelle [1].

Au début des années 1980, il enseigne l'histoire de la pensée politique occidentale. « Son enseignement suivait alors les rails tracés par son propre maître, Chen Qiren, professeur d'économie politique d'obédience marxiste-léniniste orthodoxe », témoigne un ancien élève [2]. Il y parle de Platon et de *La République*, de Machiavel et du *Prince*, de Thomas Hobbes et du *Léviathan*. Cette familiarité avec la pensée philosophique occidentale le conduit à conceptualiser, à partir du milieu des années 1980, une voie de développement différente pour la Chine, entre réformateurs prodémocratie et conservateurs marxistes. Avec un autre intellectuel, Xiao Gongqin, il fait de Shanghai un des foyers du néo-autoritarisme. Ce

1. Haig Patapan et Yi Wang, « The Hidden Ruler: Wang Huning and the Making of Contemporary China », *Journal of Contemporary China*, vol. 27, nº 109, 2018, p. 47-60.

2. Cet ancien élève, Xia Ming, aujourd'hui professeur de sciences politiques à la City University de New York, a écrit un texte sur Wang Huning pour le site de Hong Kong Initium Media, dont une version en français a été publiée par *Courrier international* le 8 janvier 2018 sous le titre « Wang Huning, le réac qui murmure à l'oreille du président chinois ».

courant s'éloigne du marxisme-léninisme pour théoriser l'importance d'un gouvernement fort. Pour les tenants de ces idées, ce qui sépare les sociétés, ce ne sont pas les formes de gouvernement, mais les degrés. La Chine, en transition vers l'économie de marché, a besoin d'un ordre politique stable. Ils ont lu Edmund Burke, Alexis de Tocqueville et Samuel Huntington. L'école du néo-autoritarisme de Shanghai se distingue en particulier de celle de Pékin par son accent mis sur les éléments empruntés à la culture chinoise traditionnelle, qui doivent renforcer le pouvoir de l'État.

En 1989, Wang Huning soutient sans hésitation la répression du mouvement démocratique de Tiananmen. Convaincu qu'il faut défendre la stabilité du régime, il saisit son heure après la glaciation politique du 4 juin. Il devient « l'architecte et l'illusionniste d'un régime de plus en plus réactionnaire », témoigne, des années plus tard, un de ses anciens élèves[1]. Après le massacre, le pouvoir est en effet en quête d'une nouvelle légitimité. Le « socialisme à la chinoise » doit trouver de nouvelles justifications théoriques. Dans ce cadre, l'universitaire va se sentir particulièrement à l'aise. Maniant les concepts avec brio, capable de brosser de grandes fresques en menant des comparaisons entre la Chine et

1. *Ibid.*

l'Occident, il fascine les dirigeants tout en leur fournissant des outils précieux.

C'est à partir de 1995 que Wang acquiert une véritable envergure et commence à peser en politique même si dans la préface d'un recueil de ses textes, il confie que son penchant naturel serait de mener une vie d'intellectuel retiré des affaires du monde. Le caractère exceptionnel de la période que traverse la Chine le pousse à s'engager, poursuit-il, se comparant à Thomas Paine au moment de la fondation des États-Unis d'Amérique, sur qui pesait un sentiment « de responsabilité, de conscience et d'aspiration ». Il s'installe à Pékin, où il rejoint un autre Shanghaïen, Jiang Zemin, devenu le patron du Parti juste avant la répression de Tiananmen. Dans ces années 1990, la Chine est en pleine transition : elle quitte le système économique dirigiste et planifié qui était le sien depuis l'après-guerre pour une « économie de marché socialiste ». Il se bat donc pour imposer sa conviction profonde : seul un gouvernement fort, centralisé donc efficace, peut mener à bien la mue que doit faire le pays [1].

1. On apprend sans surprise sous la plume de Xia Ming que le mémoire de maîtrise de Wang Huning « traitait de la souveraineté nationale, chère au philosophe politique français Jean Bodin [1529-1596], qui étudia les moyens d'aider le roi à consolider son pouvoir absolu pour mettre un terme au féodalisme du Moyen Âge ».

Wang Huning s'impose peu à peu comme la tête pensante du régime. Lorsque le président américain Bill Clinton se rend en visite officielle à Pékin en 1998, Jiang fait l'éloge, à la table du dîner, des travaux du professeur. Le dirigeant américain réplique en mentionnant Samuel Huntington, célèbre dans le monde entier pour la publication deux ans auparavant de son livre *Le Choc des civilisations* : aux conflits idéologiques qui caractérisaient la guerre froide ont succédé, défend le politologue, des affrontements culturels entre grandes civilisations. Les idées des deux intellectuels convergent. Et pour cause : Huntington est une des sources des penseurs néo-autoritaires. Wang Huning a lu et relu l'Américain.

Sensible comme lui à l'idée des « civilisations » et des aires culturelles, il développe sa pensée en martelant que l'influence occidentale est néfaste. Son séjour aux États-Unis l'a conforté dans cette idée : après y être resté six mois, il en est revenu avec la conviction que Washington était le grand rival. En 1991, il publie un livre, *Les États-Unis contre les États-Unis*, dans lequel il détaille ce voyage et analyse les forces et les faiblesses de la première puissance mondiale. Sa responsabilité, explique-t-il, est de comprendre pourquoi la Chine, une civilisation vieille de plus de deux mille ans, a connu un tel déclin quand un pays jeune d'à peine deux cents ans, les États-Unis, connaît une telle ascension. « Je considère, écrit-il, qu'un intellectuel vivant au XXe siècle a le devoir d'étudier ces deux phénomènes. Tout intellectuel chinois doit le faire, c'est un moyen d'explorer le chemin de la Chine vers la puissance et la prospérité. » Voilà posées les bases de la réflexion pour penser cette renaissance chinoise : au miroir de la puissance américaine.

Le destin de Wang Huning, de l'université aux plus hautes sphères du pouvoir politique – son bureau est à deux pas de Tiananmen, à l'ouest de la Cité interdite –, est l'illustration de ce travail intellectuel que les Occidentaux ont minimisé mais qui a formé le cœur de la contre-offensive idéologique face à l'influence occidentale. Pendant que les observateurs pariaient sur une transition démocratique en Chine, le pays trouvait en son sein une génération d'intellectuels prêts à renouveler les cadres de pensée politique tout en assurant au Parti la stabilité. Si Wang Huning, en entrant dans le cercle fermé du pouvoir, a cessé toute publication universitaire. ce n'est pas le cas de son collègue Xiao Gongqin, qui en 1994 publie deux articles remarqués sur les dangers d'un relâchement du contrôle idéologique. L'avenir de la Chine, selon lui, ne réside ni dans une solution venue de l'Occident ni dans le marxisme : il appartient au nationalisme. Il faut « trouver de nouvelles ressources de légitimité pour réussir l'intégration sociale et morale dans le processus de transition sociale» et, dans l'après-guerre froide, le nationalisme peut jouer à merveille cette «fonction d'intégration politique et de cohésion»[1].

1. Edward Friedman et Barrett L. McCormick (eds), *What If China Doesn't Democratize? Implications for War and Peace (Asia and The Pacific)*, Abingdon, Routledge, 2015, p. 34.

Chapitre 4

Le nationalisme, nouvel opium du peuple

En mai 1999, Pékin connaît à nouveau des manifestations d'ampleur. Ce n'est pas arrivé depuis dix ans, depuis l'occupation de Tiananmen. D'autres grandes villes comme Chengdu sont le théâtre de rassemblements provoqués par la destruction, par un bombardier B-2 américain, de l'ambassade de Chine à Belgrade, dans le cadre des opérations au Kosovo. Il y a trois morts, des journalistes chinois. Une grande partie de l'opinion publique rejette la thèse de l'accident ; c'est pourtant ce qu'assure l'OTAN qui cherchait à frapper les Serbes et à mettre un coup d'arrêt à la guerre.

La Chine ne l'entend pas ainsi. Le numéro un, Jiang Zemin, évoque une « provocation délibérée » :

> La grande République populaire de Chine ne se laissera jamais intimider, la grande nation chinoise ne sera

jamais humiliée et le grand peuple chinois ne sera jamais conquis[1].

Voilà qui a le mérite d'être clair. Les esprits s'échauffent d'autant plus vite que les Chinois projettent, sur le sort réservé à la Yougoslavie, leurs propres peurs et fantasmes. Ils craignent que les Occidentaux qui soutiennent l'indépendance des Tibétains n'aient le secret projet de démanteler la Chine comme ils sont en train d'opérer la partition de la Yougoslavie.

Dans les cortèges, on entend résonner un slogan, « La Chine peut dire non ! », qui reprend mot pour mot le titre d'un best-seller paru en 1996. Cet ouvrage, écrit par un groupe de cinq jeunes intellectuels ayant vécu aux États-Unis, est inspiré du livre de l'homme politique nationaliste japonais Shintarô Ishihara et du cofondateur de l'entreprise Sony Akio Morita, *Un Japon qui peut dire non*. Publié en 1989, il critiquait l'hégémonie américaine et plaidait pour les valeurs asiatiques. On retrouve la même veine dans *La Chine peut dire non* dont la publication constitue une étape importante de l'irruption dans le champ politique du courant nationaliste post-Tiananmen. On ne parle plus de néo-autoritarisme, mais plutôt de néoconservatisme.

1. Cité par Henry Kissinger dans *De la Chine*, *op. cit.*, p. 462.

Plusieurs activistes de juin 1989 vont prendre ce virage. L'un des cinq auteurs du livre, le poète Zhang Xiaobo, en fait partie : il a d'ailleurs été emprisonné quatre ans pour avoir participé aux manifestations. Pour ces anciens révoltés, défendre la fierté chinoise est une autre manière de se battre pour leur pays et de contester un pouvoir jugé timoré. La Chine qu'ils aiment, aujourd'hui fascinée par les idées occidentales, a, selon eux, tourné le dos à son identité et ses traditions.

Les États-Unis sont par ailleurs soupçonnés de chercher à tout prix à « contenir » l'émergence de la Chine. Quelques épisodes géopolitiques récents nourrissent ces représentations. En 1993, par exemple, un navire de l'US Navy a contraint un cargo chinois à s'immobiliser dans les eaux internationales de l'océan Indien. Les Américains le soupçonnaient de transporter des armes chimiques à destination de l'Iran. Aucune cargaison suspecte n'a été découverte mais les États-Unis n'ont pas présenté d'excuses. En 1996, la tension sino-américaine au sujet de Taïwan était toujours forte. À des tests balistiques chinois menés près des eaux territoriales de l'île les États-Unis ont répondu par l'envoi de deux groupes de combat sur le porte-avions *Nimitz*, officiellement pour éviter « une météo défavorable[1] ». Au même moment, un autre succès de

1. *Ibid.*, p. 462.

librairie, la traduction chinoise du livre de Samuel Huntington, *Le Choc des civilisations*, venait renforcer les convictions des nationalistes chinois sur l'hostilité des Occidentaux. L'essayiste américain n'a-t-il pas écrit, noir sur blanc, que l'émergence de l'Asie et des civilisations non occidentales représente un défi pour l'Occident ?

On voit ainsi, au cours des années 1990, émerger non plus une critique franche du régime communiste au nom des libertés – ces accents-là ne sont plus de mise – mais une veine nationaliste compatible avec le conservatisme du pouvoir. La modernité autrefois recherchée sous sa forme politique et démocratique est à présent critiquée pour être trop « occidentale ». On puise dans les sentiments de fierté qui accompagnent l'émergence économique que tout atteste (l'abondance inédite des biens de consommation, la création des premières grandes fortunes, les immeubles qui poussent de terre, etc.) pour offrir un débouché aux émotions politiques. Contrairement à l'Europe où, en raison des grandes déchirures des siècles précédents, le nationalisme est un sentiment dont on se méfie, il est en Chine un moteur de l'action politique et un élément important du discours public, conforté par la mise en avant permanente du « siècle de l'humiliation », c'est-à-dire les ingérences répétées des puissances coloniales occidentales depuis les guerres de l'opium au milieu du XIXe siècle.

Les ruines du Palais d'été à Pékin – le Yuanmingyuan, le jardin de la Clarté parfaite –, mis à sac par les troupes franco-britanniques en 1860, connaissent un regain d'intérêt. Le sort des douze têtes d'animaux en bronze du calendrier chinois qui formaient la fontaine-horloge conçue au XVIIIe siècle par deux jésuites, l'Italien Giuseppe Castiglione et le Français Michel Benoist, l'une des attractions du lieu, devient un enjeu national, Pékin cherchant à toutes les réunir. En 2000, une société liée à l'Armée populaire de libération, le Poly Group, en a racheté trois – le buffle, le singe et le tigre – lors de ventes aux enchères à Hong Kong. La compagnie chinoise a expliqué avoir agi par patriotisme afin de récupérer des trésors nationaux[1]. C'est également l'explication qu'a donnée le milliardaire de Macao Stanley Ho, qui a fait fortune dans les casinos, en rachetant puis offrant à l'État chinois les têtes de porc et de cheval. En juin 2013, lors d'une cérémonie au Musée national de Chine, le long de la place Tiananmen, François Pinault, propriétaire de Christie's, a remis officiellement deux autres têtes – lapin et rat – à Pékin, celles-là mêmes qui avaient été mises en vente dans le cadre de la dispersion de la collection Pierre Bergé-Yves Saint Laurent. Quant

1. Peter Hays Gries et Stanley Rosen (eds), *State and Society in 21st-century China*, Abingdon, RoutledgeCurzon, 2004, p. 199.

aux autorités chinoises, elles refusent de verser de l'argent pour des biens qui ont été volés et réclament des restitutions pures et simples. En 2012, Jackie Chan, la vedette du cinéma de kung-fu, a réalisé un film, *CZ12*, dont le héros voyage dans le monde entier pour récupérer les têtes…

Le parcours de Hu Xijin témoigne de ce basculement des sensibilités qui fait succéder la ferveur nationaliste au désir d'une réforme politique. Cet ancien étudiant de Tiananmen occupe aujourd'hui une position importante au sein de l'appareil médiatique et de propagande du régime, puisqu'il est rédacteur en chef du *Global Times* depuis 2005, un journal en chinois et en anglais dont la ligne nationaliste est franche et revendiquée. De son réseau social préféré (bien qu'interdit en Chine), Twitter, le journaliste intervient fréquemment pour défendre âprement les positions de Pékin, allant bien au-delà de l'habituelle retenue des responsables chinois. Quand il participait au mouvement de Tiananmen, Hu Xijin était déjà un « radical » sur le fond, mais il avait adopté un profil bas car il effectuait alors son service militaire. Il avait préféré abandonner la place avant l'intervention militaire[1]. Dans les années qui suivent, il se rend, comme

1. Zheping Huang, « Global Times Editor Hu Xijin on US-China Relations, Press Freedom in China, and the June 4 Protests », Quartz, 9 août 2016.

jeune journaliste, en Union soviétique où il assiste à la désintégration du grand pays communiste, ce qui représente un vrai choc. Puis il est envoyé comme correspondant de guerre en Yougoslavie. « J'ai vu les changements en Union soviétique et en Yougoslavie. Puis j'ai vu le développement en Chine. J'ai changé d'avis. La Chine est ma patrie [...]. Ma maison est ici », explique-t-il au site Quartz, pour justifier sa conversion. Il est convaincu que la Chine a son propre modèle et doit suivre une voie différente de celle des démocraties occidentales :

> J'aime votre démocratie, j'aime les États-Unis, la France. Nous vous envoyons nos enfants pour étudier. Mais cela ne veut pas dire que nous devons adopter votre Constitution, vos droits de l'homme ! Je sais que la Chine ne peut pas devenir comme la France et les États-Unis. Nous devons suivre notre propre voie [1].

Dorénavant le spectre du « désordre » le hante. La Chine est un si grand pays qu'on peut vite en perdre le contrôle. « Beaucoup de gens n'ont jamais vu ce que c'était, moi je sais : j'ai connu le 4 juin. J'étais un jeune homme passionné. » Le but que les étudiants poursuivaient s'est envolé et c'est tant mieux,

1. Brice Pedroletti, Harold Thibault, « Chine : le "Global Times", porte-parole décomplexé », *Le Monde*, 18 octobre 2017.

explique-t-il. S'il ne veut pas donner plus de détails sur cette période de juin 1989, son journal est l'un des rares en Chine à l'évoquer, même si c'est bien sûr pour défendre la position officielle. En juin 2009, alors qu'il a lancé quelques mois auparavant la version anglaise du *Global Times*, il brise un tabou en évoquant ces jours qui ont enfiévré la capitale, dans deux articles. Il y parle de « l'incident du 4 juin », du tabou qui entoure l'événement, mais cite abondamment des experts chinois pour lesquels les dirigeants ont fait le bon choix de « restaurer la stabilité sociale et de promouvoir les réformes économiques dans les années 1990 ».

En décembre 2017, un éditorial de son journal s'en prend à l'Occident accusé de vouloir « monter en épingle le faux bilan de Tiananmen ». Des articles sont parus dans la presse occidentale à la suite de la déclassification d'un câble diplomatique de l'ambassadeur britannique de l'époque ayant fait état d'au moins dix mille morts civils en juin 1989. L'éditorial est non signé mais on imagine sans peine que Hu Xijin a pris sa plume, inspiré par son expérience personnelle :

> La plupart des étudiants qui étaient impliqués ont contribué ensuite au développement de la Chine et sont devenus des colonnes vertébrales dans tous les secteurs. Dans les années qui ont suivi, ils ont vu la chute de l'ex-Union soviétique, les guerres civiles en Yougoslavie et le déclin

d'un certain nombre de pays dans l'Europe de l'Est. Mais la Chine a prospéré, ce qui leur a permis de repenser l'incident de Tiananmen. Ceux qui continuent à monter en épingle cet épisode soit ont déménagé à l'étranger, soit ne l'ont pas vécu dans leur chair, mais ils utilisent cet incident comme un symbole du sentiment antichinois. Ils ne sont pas représentatifs de la manière dont la grande majorité de la société chinoise considère cet incident.

Tout y est… Et ce n'est pas faux : une grande partie des anciens de Tiananmen se sont en effet rangés et ils ont fait la fortune du pays.

La fierté nationale est aujourd'hui très largement partagée. Les Français l'ont découvert, à leurs dépens, en 2008 lorsque le président de l'époque Nicolas Sarkozy, interrogé sur la répression des mouvements de protestation dans les régions tibétaines en Chine, avait évoqué la possibilité de ne pas se rendre, en août, à la cérémonie d'ouverture des Jeux olympiques de Pékin. Quelques semaines plus tard, les incidents qui ont entouré le passage de la flamme olympique à Paris – des militants protibétains ayant tenté de s'en emparer – ont provoqué une mobilisation antifrançaise en Chine. À l'époque, j'étais l'un des correspondants de l'Agence France-Presse. Nous avons été assaillis de coups de téléphone rageurs, haineux. Nos collègues chinois se voyaient traités de « *hanjian* » (traîtres), une expression utilisée pour les Chinois qui ont collaboré avec les Japonais durant la guerre. Nos boîtes e-mail étaient bombardées de messages hostiles. Les magasins Carrefour ont été la cible d'un mouvement de boycott. L'atmosphère était lourde, pénible.

Je pensais à ce que vivaient les Japonais lors des campagnes visant leur pays, régulièrement désigné comme l'ennemi pour n'avoir pas fait repentance de ses crimes durant la dernière guerre. Les films et les séries antijaponais étaient diffusés en permanence à la télévision lors de mon arrivée en Chine qui coïncidait avec le soixantième anniversaire de la capitulation. La même bouffée de haine, certes plus circonscrite dans le temps, s'abattait maintenant sur la France. Dans les taxis, aux questions du chauffeur sur ma nationalité, j'avais fini par répondre que j'étais belge. Un confort passager pour un petit mensonge.

Chapitre 5

La Chine des réseaux

La Chine s'est éveillée, elle ne s'est pas ouverte pour autant. L'Union soviétique avait perdu la partie face aux États-Unis dans les domaines économique et technologique, sa voisine a retenu la leçon : la maîtrise et le contrôle des réseaux sont une obsession dans un pays qui se perçoit comme toujours menacé par les ingérences occidentales. Dans les têtes des cadres du Parti, tous plus ou moins imprégnés de rhétorique néo-autoritaire, c'est une représentation obsidionale qui prédomine : la Chine est seule contre tous.

Il est vrai aussi que les déclarations des responsables américains ont poussé en ce sens, dramatisant l'importance du contrôle des nouvelles technologies. Dans son fameux discours de janvier 2010 sur la liberté d'Internet, Hillary Clinton avait multiplié les références à la guerre froide. La censure était présentée comme un mur de Berlin virtuel, un « rideau de fer de l'information » ; les « vidéos virales et les posts de blogs » sont les samizdats d'aujourd'hui, assurait-elle, faisant référence à ces libelles contre le pouvoir qui circulaient sous le manteau en URSS. De quoi renforcer la paranoïa des dirigeants chinois. D'autant plus que les Américains ajoutent les actes aux paroles : en Chine même, l'ambassade des États-Unis cajole les blogueurs chinois en les invitant régulièrement, tout comme elle offrait l'hospitalité aux dissidents soviétiques en leur temps, à Moscou.

Dans ce contexte, Xi Jinping, qui arrive au pouvoir à l'automne 2012, met tout son poids dans la balance. Particulièrement conscient de l'importance des réseaux dans cette guerre d'influence à l'échelle mondiale, il a organisé dès 2014 sa « Conférence mondiale de l'Internet » à Wuzhen, dans la province du Zhejiang, et, chaque année, il y prend la parole. Et il martèle le même message, à l'exact opposé des espoirs libéraux qui avaient porté le développement d'Internet sur la Côte ouest des États-Unis : les réseaux ont vocation à être contrôlés, ils appellent la réglementation, la Chine entend faire respecter la « cybersouveraineté ». « Aucun pays ne doit poursuivre l'hégémonie dans le cyberespace ni interférer dans les affaires internes d'autres pays, ou prendre part, participer ou soutenir des cyberactivités qui sapent leur sécurité nationale», déclare-t-il en 2015[1].

Les patrons des entreprises chinoises n'ont d'autre choix que d'assister sagement à ces discours. Mais ceux des grandes entreprises américaines sont aussi régulièrement conviés aux leçons de maître Xi, aussi étrangères à cette idéologie que soient leurs convictions. Il faut imaginer les milliardaires de la Silicon Valley écoutant sans broncher le numéro un du Parti défendre le contrôle policier des réseaux et annoncer que son pays entre dans une « nouvelle ère du socialisme aux couleurs chinoises[2] ». La scène a eu lieu en octobre 2017 à l'école de management de l'université Tsinghua, l'une des plus prestigieuses de Chine. Au premier rang, on comptait, outre Jack Ma, le patron d'Alibaba, et Pony Ma, celui de Tencent, le fondateur de Facebook, Mark Zuckerberg, et le PDG d'Apple, Tim Cook. Le marché chinois vaut bien un discours...

Car les géants du Net américains n'ont pas abandonné leurs rêves de conquête. Ils ont pourtant essuyé plus d'un revers dans l'ex-empire du Milieu.

1. Brice Pedroletti, « Xi Jinping défend la censure d'Internet au nom de la souveraineté », *Le Monde*, 17 décembre 2015.

2. Dépêche de l'agence Chine Nouvelle du 30 octobre 2017 : « Xi Jinping a rencontré des membres étrangers et chinois du comité consultatif de l'école de management de Tsinghua. »

Facebook et Twitter ont été bloqués en 2009 lors des émeutes dans la province musulmane du Xinjiang. Les dirigeants chinois avaient alors compris – et avant l'épreuve des printemps arabes qui consacra un an plus tard cette idée – que les réseaux sociaux étaient des instruments de mobilisation efficace. Au moins prenaient-ils les Américains au sérieux sur ce point… Ni Twitter ni Facebook ne sont pour l'instant les bienvenus en Chine. Et les seuls réseaux sociaux qui existent sont nationaux et donc soumis à la vigilance des services de censure. Quant à Google, il se retire du pays en 2010. L'affaire commence par une cyberattaque sophistiquée en provenance de Chine et l'infiltration d'une dizaine de comptes Gmail de militants chinois des droits de l'homme. Pour montrer qu'elle ne se laissera pas faire et que de telles pratiques heurtent ses valeurs, l'entreprise américaine annonce qu'elle met fin au système de censure qu'elle exerçait à la demande des autorités chinoises depuis 2006[1]. Les utilisateurs de Chine continentale sont désormais routés vers un portail situé à Hong Kong. En territoire « libre ». En quelques heures, le site chinois de Google est bloqué. Pékin sort vainqueur de ce premier affrontement avec la Silicon Valley. Ce

1. La société américaine avait détaillé sa décision dans un post de blog publié le 22 mars 2010 et intitulé « Une nouvelle approche envers la Chine ».

fut le premier coup dur porté à la théorie de la démocratisation par les réseaux. Ceux qui avaient ri à la remarque de Bill Clinton – la gélatine et le mur – durent déchanter.

Pourtant, sous la présidence de Barack Obama, on ne change pas de discours. Les géants américains de l'Internet, les fameuses GAFA (ou GAFAM, si l'on inclut Microsoft) comme on les appelle désormais, sont au contraire enrôlées dans la croisade pour répandre la « liberté de l'Internet ». On les associe même aux initiatives du département d'État. Ce dernier organise des visites dans le monde entier pour partager l'expertise américaine sur les réseaux. Des délégations mêlant responsables diplomatiques et représentants des grandes entreprises du Web se rendent au Mexique, en Syrie, en Irak ou même en Russie. En février 2010, par exemple, neuf responsables de sociétés tech américaines (dont le fondateur de Twitter Jack Dorsey) font un séjour à Moscou. Ce type d'initiative reposant sur un discours d'entraide et sur l'idée implicite de la supériorité technique américaine ne manque pas de faire sourire aujourd'hui, alors que Moscou est accusé d'avoir influencé le résultat de l'élection présidentielle américaine de 2016 via les réseaux sociaux.

Quant aux Chinois, ils se sont toujours bien gardés de recevoir de telles délégations. Et pendant toute cette décennie, les conditions qu'ils imposent aux GAFA sont draconiennes. Non seulement il est hors de question de voir émerger des espaces de liberté virtuelle hors de tout contrôle (d'où le blocage de tous les réseaux sociaux), mais Pékin a tout intérêt à soutenir la croissance de géants chinois qu'on appelle les BATHX, un acronyme créé à partir des noms des sociétés chinoises Baidu, Alibaba, Tencent, Huawei et Xiaomi. Ces concurrents bien déterminés à contrer l'influence américaine sont favorisés par le régime et rendent la partie très difficile à des entreprises comme Amazon (qui n'a pas réussi à percer) ou Apple. Bref, de son côté la Chine a le mérite de sa constance : une fermeté à toute épreuve.

Aux États-Unis, après le départ de Hillary Clinton du département d'État en 2013, le discours sur la liberté d'Internet se fait plus discret, la guerre en Syrie et surtout la multiplication des affaires de cyber-espionnage ayant déplacé le curseur vers d'autres priorités. Ceux qui maintiennent la flamme se trouvent dans les entreprises technologiques. En novembre 2013, le président exécutif de Google, Eric Schmidt, prédit la fin de la censure dans les dix ans : « D'abord, ils tentent de vous bloquer ; après, ils essaient de vous infiltrer ; enfin, vous gagnez. Je suis vraiment persuadé que c'est comme ça que ça marche. Car le pouvoir est déplacé », avance-t-il devant un parterre de l'université Johns Hopkins[1]. Quelqu'un dans l'assemblée s'est-il souvenu de la phrase de Bill Clinton prononcée treize ans auparavant ? Et de la faillite de sa prédiction ?

Cinq ans plus tard, force est de constater que la plupart des grands patrons de la Silicon Valley ont remisé leurs discours sur la liberté de l'Internet. Du moins lorsqu'ils franchissent les frontières chinoises. Le premier d'entre eux, Mark Zuckerberg, le fondateur de Facebook, né en 1984 – en hommage sans doute à George Orwell et à son Big Brother –, soit cinq ans avant Tiananmen, multiplie plutôt les signes de bonne volonté. Pour séduire l'empereur Xi, le seigneur des *digital natives* n'a pas hésité, lors d'un séjour pékinois, à courir en tenue de jogging dans le cœur de la ville ; et ce malgré le smog… La publication sur son compte Facebook d'une photo où on le voyait traverser la place Tiananmen n'a pas été du goût de tout le monde. Les commentaires ont été sévères, pour des raisons différentes évidemment, et aux États-Unis et en Chine où la censure a même enjoint aux médias de ne pas faire de battage autour de cette course.

Mais Mark Zuckerberg veut absolument voir Facebook se diffuser en Chine. En 2015, il explique

1. « Google's Schmidt Predicts End of Censorship Within a Decade », dépêche Reuters, 21 novembre 2013.

sa position : « Vous ne pouvez pas avoir pour mission de connecter tout le monde tout en excluant le plus grand pays. Sur le long terme, nous devrons essayer de trouver une solution[1]. » Malgré les critiques, il ne cesse de donner des gages à Pékin, le moindre n'étant pas son engagement à apprendre le mandarin – qu'il a pu pratiquer en rencontrant Xi Jinping à Seattle en septembre 2015 avant de graver ce moment historique sur son compte Facebook : « D'un point de vue personnel, c'est la première fois que j'ai parlé avec un dirigeant mondial entièrement dans une langue étrangère. C'est une étape personnelle significative. Ce fut un honneur de rencontrer le président Xi et d'autres dirigeants. » Est-ce un renoncement ? Si c'en est un, il pourrait se payer au prix fort. « Chaque fois qu'il y a eu le moindre soupçon d'une implication des sociétés américaines dans les efforts de censure chinois, celles-ci ont été dénoncées dans les médias », remarque Lincoln Davidson, chercheur associé du *think tank* américain Council on Foreign Relations (CFR) sur le blog de l'institution.

En 2016, le *New York Times* a révélé que Facebook travaillait sur un outil de censure qui permettrait à des tiers, en l'occurrence un partenaire chinois, de

1. « Facebook Says It Has Advertisers in China Despite Ban », *Wired*, 11 avril 2015.

supprimer des sujets de discussion[1]. L'affaire a fait quelque bruit. Puis fin 2017, après des pressions des autorités chinoises, Facebook a brièvement bloqué la page d'un homme d'affaires chinois : exilé à New York, cet électron libre utilisait Facebook et YouTube pour mener une campagne de dénonciation contre de hauts responsables chinois qu'il accusait d'être corrompus et de vouloir sa perte. Interrogé par le sénateur Marco Rubio sur cette affaire, lors d'une audition par le Sénat américain consacrée aux ingérences russes dans la campagne présidentielle américaine de 2016, le vice-président de Facebook, Colin Stretch, se montre hésitant et gêné dans sa réponse : « Nous avons été alerté par un représentant du gouvernement chinois sur ce compte. Nous avons effectué une analyse comme nous l'aurions fait pour n'importe qui d'autre, et nous avons pris une décision sur la base de nos règles. » Marco Rubio a rétorqué qu'à sa connaissance Facebook n'avait pas abandonné son projet de se déployer en Chine…

Si tout le monde scrute les faits et gestes de Facebook, si tout ce qui pourrait passer pour des gages donnés à Pékin est facilement dénoncé, c'est qu'en effet un changement d'attitude est perceptible. L'heure où l'optimisme technophile se mariait à un

1. Mike Isaac, « Facebook Said to Create Censorship Tool to Get Back Into China », *New York Times*, 22 novembre 2016.

volontarisme politique presque naïf est révolue. Un cynisme mercantile pointe chez les dirigeants de la Silicon Valley.

La décision de Twitter, bloqué en Chine depuis 2009 au Xinjiang, de nommer Kathy Chen comme responsable pour la Grande Chine (Chine continentale, Hong Kong et Taïwan) a déclenché les critiques des milieux dissidents et démocrates en raison de ses liens supposés avec l'armée et le ministère de la Sécurité publique chinois. Apple vient également de passer sous les fourches caudines de Pékin : pour la première fois, la firme à la pomme a transféré les données stockées sur son service iCloud par les utilisateurs de la République populaire de Chine sur le sol chinois. Ce qui signifie que les autorités n'auront plus à passer par le système légal américain si elles cherchent à avoir accès à des e-mails, des SMS ou autres données. Ou à obtenir les clefs de chiffrement indispensables pour avoir accès à ce « graal ».

Apple explique s'être soumis aux nouvelles lois qui obligent les sociétés qui opèrent en Chine à y entreposer leurs données. La Chine est son troisième marché après les États-Unis et l'Europe : les intérêts commerciaux priment. « La vérité est qu'une fois les clefs de chiffrement stockées sur des serveurs chinois, ce sera plus facile pour les autorités d'y avoir accès – avec ou sans demande légale », a souligné Sharon Hom, directrice exécutive de l'ONG Human Rights in China.

Selon cette dernière, les organes de répression chinois pourront s'adresser directement au partenaire chinois d'Apple, basé dans la province de Guizhou, dans le sud-est du pays[1]. Déjà, en 2017, la firme de Cupertino avait cédé aux exigences de Pékin en retirant de son App Store local des centaines de VPN, ces réseaux privés qui permettent de contourner la « Grande Muraille virtuelle ».

Alertés par les associations de défense des droits de l'homme, deux sénateurs américains, Patrick Leahy et Ted Cruz, ont adressé une lettre à la société, lui enjoignant de « rejeter » la censure en Chine. Ils ne manquent pas de rappeler l'ambition affichée dès ses débuts par l'entreprise – « Les sociétés high tech américaines sont devenues des championnes de la liberté d'expression » – avant de formuler le reproche qui motive leur missive : « Mais cet engagement ne devrait pas s'arrêter à nos frontières[2]. » Comme pour Facebook, la justification qui leur est donnée est alambiquée. Dans une réponse écrite, Cynthia Hogan, vice-présidente d'Apple chargée des affaires publiques, défend la position de son entreprise.

1. Nicole Kobie, « In Following China's iCloud Law, Has Apple Betrayed Itself? », *Wired*, 3 mars 2018.
2. Tim Bradshaw, « Apple Drops Hundreds of VPN Apps at Beijing's Request », *Financial Times*, 22 novembre 2017.

> Nous pensons que notre présence en Chine aide à promouvoir une plus grande ouverture. Nous sommes convaincus qu'Apple peut mieux promouvoir les droits fondamentaux, y compris le droit de s'exprimer librement, en s'engageant même là où nous pouvons être en désaccord avec une loi précise du pays.

Des paroles qui sont empruntées à la rhétorique des années 2000 mais qui, au vu des actes, ne peuvent sembler qu'hypocrites.

Autre sujet d'inquiétude : à l'été 2018, le site The Intercept a révélé que, huit ans après avoir quitté la Chine, Google travaillait, dans le plus grand secret, sur un moteur de recherche adapté au pays et aux exigences de censure du régime. Son nom : Dragonfly. La multinationale américaine s'est attiré de vives critiques en interne, mais aussi les foudres du gouvernement américain. Le vice-président Mike Pence l'a appelée à « mettre fin immédiatement au développement de l'application Dragonfly qui renforcera la censure du Parti communiste et mettra en danger la vie privée des clients chinois ».

La Chine devient progressivement mais sûrement le « territoire de la défaite morale » pour les sociétés technologiques américaines, a assené Emily Parker, une ancienne journaliste du *Wall Street Journal*, qui a également travaillé au département d'État[1]. Valeurs morales contre appât du gain ? Ce serait simplifier à outrance. Ces grandes compagnies américaines sont aussi sous le charme, tout bonnement. On sous-estime la fascination que peut susciter sur les ingénieurs branchés de la Côte ouest cette société urbaine, dynamique, jeune et surtout particulièrement *geek*.

Comme l'explique benoîtement le PDG de Google Sundar Pichai au sujet du projet de moteur de recherche adapté à la Chine : « C'est un marché merveilleux et innovant. Nous voulions savoir à quoi cela ressemblerait si nous étions en Chine, par conséquent c'est ce que nous avons construit[2]. » Dans un message adressé en juillet aux employés de Google qui travaillaient sur Dragonfly, Ben Gomes, le responsable de la recherche, expliquait :

> La Chine est l'un des marchés les plus intéressants, peut-être le plus intéressant marché au monde aujourd'hui. Juste par le fait d'être là-bas et de faire attention au marché chinois, nous apprendrons, car la Chine est la première dans le monde pour certains types d'innovations.

1. « Mark Zuckerberg's Long March to China », *MIT Technology Review*, 18 octobre 2016.
2. Nitasha Tiku, « Google's CEO Says Tests of Censored Chinese Search Engine Turned Out Great », *Wired*, 15 octobre 2018.

Du reste, Google travaille en Chine sur des projets en intelligence artificielle (IA), un secteur crucial pour les années à venir. D'autant plus déterminant que la puissance asiatique a de nombreux atouts pour le dominer. Elle peut, comme elle ne l'a jamais fait, rivaliser avec la Silicon Valley en termes d'innovations. Elle possède une nouvelle génération de scientifiques bien formés, un grand nombre de données en raison de la taille de la population et de son usage des nouvelles technologies, des entreprises solides (Alibaba, Tencent, Baidu) et surtout un soutien de la puissance publique[1].

Alors que Donald Trump est en guerre contre la Silicon Valley, les autorités chinoises soutiennent pleinement les entreprises du pays dans le cadre de leur projet Made in China 2025. L'objectif est de passer maître de la nouvelle révolution industrielle. Dix secteurs prioritaires ont été définis : des robots aux nouvelles technologies de l'information en passant par les équipements aéronautiques, les véhicules aux énergies nouvelles, les nouveaux matériaux, la biomédecine, etc. Les avancées semblent spectaculaires. Suffisamment pour que les inquiétudes se fassent jour. Si les bases de données disponibles sont mises

1. Kai-Fu Lee et Paul Triolo, « China Embraces AI : A Close Look and a Long View », *Eurasia Group*, décembre 2017.

au service du contrôle de la population, si les organes de sécurité s'en emparent, c'est une projection tout orwellienne de la société – proche de la série britannique *Black Mirror* – qui se dessine.

Hillary Clinton a dénoncé en octobre 2018 un « goulag high tech [1] » en se référant aux modes de répression utilisés à l'encontre de la minorité musulmane ouïghoure dans la province du Xinjiang : les nouvelles technologies y sont au service d'un contrôle serré de la population.

Pour l'instant, hors du Xinjiang, seules des expérimentations de contrôle par le *big data* sont en cours. Il s'agit en général d'un système de reconnaissance faciale permettant aux autorités de connaître l'identité d'un perturbateur. Par ailleurs, se mettent en place des systèmes dits de « crédit social », organisés soit par des organes d'État, soit par des entreprises privées. Dans le premier cas, il s'agit de publier sur une plateforme nationale des listes noires de mauvais payeurs ou de contrevenants qui n'ont pas payé leurs amendes, d'entreprises polluantes, etc. Dans le deuxième cas, les clients sont notés en fonction de leur comportement pour évaluer leur crédibilité, par exemple lorsqu'il s'agit de leur accorder un prêt. Une note leur est assignée. La chose choque beaucoup en Occident, à

1. « Hillary Clinton Accuses China of Using Technology to Repress Muslim Uighurs », *The National*, 9 octobre 2018.

en croire le nombre de dossiers et d'articles dans la presse, où l'on évoque la mise en place d'un système orwellien[1]. Mais, pour l'heure, contrairement à ce qui est parfois écrit, il n'existe pas de plan du gouvernement chinois pour assigner une note à chaque citoyen. Le régime dispose d'autres outils pour contrôler la population.

De plus, ces systèmes de crédit social rencontrent peu de résistance de la part des citoyens chinois. Ces derniers sont agacés par les multiples incivilités qui émaillent, plus qu'en Europe, la vie quotidienne. Retards, rudoiements, esclandres, prime au plus fort, la vie en ville n'est souvent pas très « urbaine ». Le système des « listes noires » leur paraît un moyen de calmer des esprits échauffés qui dégradent leur qualité de vie.

Certains chercheurs ont proposé une analyse plus fine sur la tolérance sociale à cette proposition. Ils le relient à une vieille tradition remontant à l'empire, où autorités politique et morale sont intimement liées. Dès le début, la mise en place du « système de crédit social » (*shehui xinyong tixi*) – évoqué dès 2002 par le numéro un de l'époque Jiang Zemin pour renforcer

1. Pour une analyse moins sensationnaliste que dans nombre de médias occidentaux, on peut se reporter à l'étude de Rogier Creemers de l'université de Leyde parue en mai 2018, « China's Social Credit System: An Evolving Practice of Control ».

la confiance dans l'économie de marché – est en effet posée en termes de morale publique. En octobre 2014, lors du 4e plénum du 18e congrès du Parti, le Comité central met l'accent sur l'importance de la loi et aussi de la vertu, qu'il place au même niveau que la première. Le régime communiste se coule parfaitement dans cette manière ancienne de concevoir la société, il en joue et, pour l'instant, ce « crédit social » rencontre peu de résistance.

Big Brother en 2084 ? Il est trop tôt pour le dire. Ce qui est certain, c'est que les espoirs de voir l'ouverture commerciale puis les nouvelles technologies venir à bout du régime communiste se brisent les uns après les autres. Encore avancée pour la forme, l'idée que la Silicon Valley représente la meilleure arme contre le régime autoritaire se délite sous la réalité des intérêts commerciaux. C'est aujourd'hui les mêmes nouvelles technologies qui font redouter la mise en place d'un système de contrôle social nulle part plus abouti qu'en Chine.

Chapitre 6

Fascination et répulsion

Lorsque j'ai commencé à étudier le chinois à l'université Paris 7-Jussieu en 1985, les batailles homériques entre les maoïstes et leurs opposants appartenaient déjà au passé. Certains de mes professeurs avaient été de fervents partisans du président Mao. L'un d'eux avait écrit un opuscule au titre inoubliable, *Philosophie et conservation des tomates. Le mouvement d'étude de la philosophie en Chine contemporaine.* Il y était question de Mao, de ses textes théoriques, de la Révolution culturelle – « En faisant de la "Grande Révolution culturelle prolétarienne" un mouvement visant à instaurer la primauté du politique sur l'économique, de l'idéologique sur l'organisationnel, de l'homme sur l'objet, les Chinois se sont donné les moyens de ne pas faire de la philosophie une activité purement intellectuelle[1] » –, de la spécificité du marxisme-léninisme à la chinoise, le tout dans un fatras bien propre à l'époque. Mais en cette fin des années 1980 plus rien ne transparaissait de ces fureurs passées. La Chine de l'après-gauchisme ne soulevait plus les passions. D'ailleurs, elle s'engageait dans les réformes économiques, le pays était en voie de développement et une certaine forme de normalité s'installait.

Pourtant, ce n'était pas encore la mode de l'étude du chinois comme aujourd'hui. On ne choisissait pas cette langue dans l'espoir de trouver emploi et fortune dans un pays offrant toutes sortes d'opportunités. À dire vrai, dans ces années 1980, je me suis retrouvé dans ce département de langue et de littérature un peu par hasard et un peu par amour de la poésie chinoise ancienne. Et à cause d'un livre, aussi, celui d'un peintre du XVIIIe siècle, Shi Tao, intitulé *Propos sur la peinture du moine Citrouille-Amère* et traduit par Pierre Ryckmans, plus connu pour ses livres de dénonciation du maoïsme sous le pseudonyme de Simon Leys[2].

Un de nos professeurs, Nicolas Lyssenko, mi-russe mi-chinois, nous envoûtait avec sa méthode révolu-

1. Joël Bellassen, *Philosophie et conservation des tomates…*, Paris, L'Impensé radical, juin 1973, p. 88.

2. Notamment *Les Habits neufs du président Mao*, Paris, Champ libre, 1971.

tionnaire d'enseignement du chinois. C'est sous l'égide de ce mentor qui semblait sorti d'une pièce d'Anton Tchekhov que nous nous sommes retrouvés, l'été 1987, dans la campagne près de Pékin, à Miyun, un village connu pour son réservoir d'eau qui desservait la capitale. L'endroit était censé être interdit aux étrangers en raison de la présence d'une base militaire, mais Nicolas, grâce à son chinois impeccable et à son art de la négociation, nous avait ouvert les portes d'un lycée du coin. Nous devions être épaulés par des congénères chinois dans l'apprentissage de leur langue. Rien ne s'est passé comme prévu, joies des voyages à l'autre bout du monde, mais j'ai découvert un pays sortant à peine de son isolement. Les habitants étaient désireux de parler avec nous. Les plus âgés n'avaient pas rencontré d'étrangers depuis les soldats japonais avant la guerre ! De la Révolution culturelle, toute proche, certains parlaient librement, d'autres préféraient ne pas l'évoquer, les blessures étaient à peine refermées.

La Chine me semblait une page blanche. On parlait alors beaucoup de l'exploit du réalisateur italien Bernardo Bertolucci qui avait eu l'autorisation exceptionnelle de tourner à l'intérieur de la Cité interdite pour son film consacré à Pu Yi, *Le Dernier Empereur*. Les rares Occidentaux qui voyageaient en Chine étaient choyés, enviés, adorés. Nous nous enivrions – bêtise de la jeunesse – d'une toute-puissance qu'on mesurait à l'intérêt qu'on nous portait. Nous étions bien trop loin de tout, dans notre campagne, pour comprendre les combats qui se déroulaient dans les coulisses du pouvoir et qui allaient mener à Tiananmen deux ans plus tard. C'est sur un poste de télévision, dans mon studio d'étudiant parisien, que j'ai revu cette capitale que j'avais parcourue quelque temps auparavant et que j'ai découvert avec effroi la lutte politique qui s'y terminait dans le sang.

Cette période d'entre-deux est révolue : la Chine a retrouvé le terrain des passions idéologiques. Il y a les pro et les anti, ceux qui ne parlent que du cauchemar dictatorial – symbolisé par la mort de Liu Xiaobo, le prix Nobel de la paix, ou la répression brutale menée dans la province du Xinjiang envers la minorité musulmane ouïghoure – et ceux qui ne voient que le miracle économique ou l'augmentation du niveau de vie. Il y a encore quelques années, toute discussion sur la Chine risquait de vous occasionner soit un excès, soit l'autre. 2008 a d'ailleurs marqué une étape importante dans la montée en généralité, et en admiration. Des observateurs n'ont pas manqué de rapprocher, et d'opposer, la toute-puissance chinoise telle qu'elle s'est manifestée dans l'organisation des Jeux olympiques et la crise financière qui a durablement affaibli la santé économique des démocraties occidentales. Et chacun bientôt sommé de choisir entre la sécurité économique et la liberté politique – sans que les choses soient jamais dites aussi clairement.

Mais déjà ces oppositions sont dépassées. Dix ans plus tard, voici venu le temps de la « fascination », entendue dans son sens étymologique : la Chine provoque à la fois le désir et la pétrification. C'est ce que j'appellerai le paradoxe de Pékin. Bien peu sont ceux qui y échappent lorsqu'ils effectuent le voyage en Chine. « J'adore ce pays. C'est là où se passe l'histoire », m'a dit un intellectuel français après avoir passé une semaine à débattre au sein d'une université pékinoise. Il est vrai que le régime chinois ne manque pas d'argent ni de savoir-faire quand il s'agit de s'attirer les bonnes grâces des étrangers, et que la méthode est plus subtile que celle des Russes : le régime préfère d'abord jouer de ses charmes plutôt que de l'intimidation policière. Cela n'empêche pas, bien sûr, des méthodes plus brutales si nécessaire, en particulier le refus d'un visa. Ces dernières années, plusieurs journalistes l'ont appris à leurs dépens.

En décembre 2015, la correspondante de *L'Obs*, Ursula Gauthier, n'a pas obtenu le renouvellement de son visa, après un article consacré au Xinjiang, la province du nord-ouest du pays qui abrite la minorité musulmane turcophone des Ouïghours. Lorsque nous avons lancé l'idée d'une pétition pour protester contre cette décision, certains anciens collègues correspondants en Chine ont décliné, par crainte de se voir refuser l'accès au pays lors de leurs prochaines visites[1]. En octobre 2018, pour la première fois, les autorités de Hong Kong n'ont pas prolongé le visa du journaliste du *Financial Times*, Victor Mallet, vice-président du Club des correspondants étrangers (FCC). Aucune explication n'a été fournie, mais en août le FCC avait organisé une rencontre avec un jeune militant indépendantiste malgré les appels de Pékin et de l'exécutif hongkongais à annuler cet événement. Ces mesures de rétorsion passent parfois inaperçues. Mon hypothèse est que leur caractère non systématique rend les choses difficiles à saisir. On ne peut pas dire, par exemple, que la presse étrangère soit interdite de travail en Chine. Et pourtant, aucun journaliste étranger n'est jamais à l'abri d'une décision répressive. Ce caractère aléatoire renforcé par l'absence d'explications est une foncière différence avec le régime soviétique qui avait la particularité d'être plus systématique et plus explicite dans sa répression (quand bien même les motifs invoqués étaient absurdes).

Ceux qui persistent à penser le régime comme un émule de l'Union soviétique sont d'ailleurs désarmés. Peu avant le 19e congrès du Parti tenu en octobre à Pékin, je participais, en compagnie de la sinologue

1. « L'expulsion de Chine de notre consœur Ursula Gauthier est injustifiable », *Le Monde*, 30 décembre 2015.

Marie Holzman, à un « contre-congrès » organisé à Paris par l'organisation Les Nouveaux Dissidents du philosophe et essayiste Michel Eltchaninoff. On évoqua notamment la mort en prison, durant l'été, du prix Nobel de la paix 2010 Liu Xiaobo, lui dont le destin avait basculé sur la place Tiananmen en juin 1989. À la fin de la conférence, une femme est venue m'interpeller : pourquoi les médias et en particulier *Le Monde* ne menaient-ils pas des campagnes pour faire libérer sa veuve Liu Xia, placée en résidence surveillée ? Pourquoi l'Occident ne se mobilisait-il pas comme il l'avait fait pour le prix Nobel de la paix 1975, le physicien et défenseur des droits de l'homme en Union soviétique, Andreï Sakharov ? Je ne sus guère répondre sinon lui dire que les temps avaient changé. Mais en quoi ont-ils changé ? La Chine n'est pas l'ennemi que fut l'Union soviétique, le modèle inversé que l'Occident doit combattre inlassablement. Les rapports avec la Chine ne s'inscrivent pas dans le schéma d'une « guerre froide », en tout cas pas encore. Ils ressemblent plutôt à un pas de tango, mêlant peur, séduction et excitation.

Il est difficile de décrire l'attrait d'une vie dans des villes à la modernité exacerbée comme Pékin ou Shanghai. C'est proprement magique, sans doute assez proche de l'expérience urbaine de Londres, Paris, et surtout New York au début du XXe siècle. Vous êtes au cœur d'un monde qui croit à son avenir, d'un système qui offre des opportunités à chacun, pour qui tout semble ouvert. Rien à voir avec la grisaille du monde communiste avant la chute du Mur. Et s'il y a peu de dissidents à proprement parler, c'est que se mettre à l'écart d'une telle société est un acte de courage incroyable. Sur le marché de l'art contemporain, les artistes les plus cotés comme Zhang Xiaogang ou Yue Minjun sont perçus ici comme subversifs. On les croit critiques mais en réalité ils connaissent les limites et prennent garde à ne pas les dépasser. Comme l'écrit l'essayiste Xu Zhiyuan :

> Faisais-je le procès du pouvoir, je savais, ou croyais savoir, quelle était la mesure à ne pas dépasser. Ainsi, mieux valait ne pas citer nommément les dirigeants, ne pas les vilipender de manière trop concrète ou détaillée. Les objets de mes attaques étaient des vocables flous, globaux, comme le parti au pouvoir, le gouvernement ou la société. Bien sûr il ne fallait parler ni du Tibet, ni du Xinjiang, ni du 4 juin [1].

L'artiste provocateur Ai Weiwei, qu'on a longtemps cru intouchable en raison de son prestige et de sa famille – son père était le grand poète Ai Qing, persécuté pendant la Révolution culturelle puis réha-

1. Xu Zhiyuan, « La censure chinoise. L'anaconda et l'éléphant », *Le Courage*, n° 2, 2016, p. 167-190.

bilité –, a trop joué avec les règles tacites du pouvoir et il a fini par le payer cher : quatre-vingt-un jours de prison dans un lieu inconnu. Il vit aujourd'hui en exil entre l'Allemagne et les États-Unis[1]. Son cas est pourtant rare.

Ainsi, on a longtemps perçu comme un dissident le cinéaste Jia Zhangke, auteur de films remarquables, dont les premiers n'ont pas été autorisés par la censure. Dans ces œuvres, parmi les plus subtiles pour comprendre les Trente Glorieuses chinoises, nous décelions l'âme d'un rebelle mettant à nu les failles d'une Chine communiste baignant dans un capitalisme sauvage. Qui plus est, étudiant lors des événements de Tiananmen, Jia Zhangke a participé à des manifestations dans sa province natale du Shanxi, emporté par les valeurs du mouvement. « Sans Tiananmen, je ne serais peut-être jamais devenu cinéaste. Je serais peut-être resté un amateur de films, poète à ses heures, sans jamais éprouver cette impulsion déterminante. Cet événement a entièrement recomposé ma personnalité[2] », a-t-il expliqué en 2013.

Aujourd'hui pourtant, il représente sa province à l'Assemblée nationale et a lancé un festival de films

1. Barnaby Martin, *Ai Weiwei. Histoire d'une arrestation*, Paris, Éditions Globe, 2016.

2. Philippe Grangereau, « Jia Zhangke, "Mon prof avait peur que je sème la zizanie" », *Libération*, 10 décembre 2013.

à Pingyao, dans ce Shanxi du charbon qui l'a vu naître :

> Je n'ai pas viré de bord, l'esprit de Tiananmen continue de nous affecter. Je rêve toujours de modernité et de liberté. S'il me rencontrait aujourd'hui, le jeune homme que j'étais me dirait quelque chose d'un peu mièvre, du genre : « T'as pas changé, mec ! » Disons que les poids qui pèsent sur mes épaules sont plus lourds. Mais ils penchent toujours des deux côtés de la balance, comme à mes débuts [1].

Parfaitement à l'aise avec le régime au point d'être député, donc, et en même temps totalement fidèle à sa jeunesse révoltée ? Un cas difficile à comprendre pour nous. Jia Zhangke défie notre entendement (opportuniste ? pragmatique ?) mais révèle précisément la complexité des positions politiques, qu'on ne saurait résumer à un dedans-dehors. Il faudrait plutôt se représenter le régime comme ayant subtilement organisé la société en un amalgame de zones grises. Les frontières sont floues, peut-être même flottantes, mais toujours redoutables si vous les transgressez. Le régime est ainsi resté sourd aux appels des pays étrangers à laisser partir à l'étranger Liu Xiaobo, atteint

1. Aureliano Tonet, « Jia Zhang-ke, ou les tribulations d'un cinéaste en Chine », *Le Monde*, 26 octobre 2018.

d'un cancer en phase terminale. Il est mort dans un hôpital de Shenyang, dans le nord-est du pays, le 13 juillet 2017.

Preuve encore que les temps ont changé depuis l'époque de la confrontation directe avec le communisme : le lendemain, à Paris, en conférence de presse, ni Emmanuel Macron ni Donald Trump ne se sont exprimés sur le sujet. Pis, interrogé par un journaliste chinois sur Xi Jinping, le président français a célébré « un des grands leaders de notre monde », l'Américain, « un ami, un leader de talent, un homme très bon ». C'est sur Twitter, par la suite, que le numéro un français a rendu hommage à Liu Xiaobo, « grand combattant de la liberté ».

Pour revenir aux artistes chinois d'aujourd'hui susceptibles de critiquer le régime, on trouvera d'autres exemples de cas limites dans ces grands romanciers que sont Yu Hua et Yan Lianke. Tous deux se saisissent de cette matière première qu'ils ont sous les yeux : en trente ans, la Chine s'est enrichie, des fortunes considérables se sont constituées, un pays entier a été bouleversé. L'étoffe de la vie au XXIe siècle y est presque balzacienne. Yu Hua et Yan Lianke ont produit une œuvre incontestablement critique du régime communiste – *Brothers* pour le premier, *Servir le peuple* pour le second – mais ils sont tous deux membres du Parti communiste chinois. Mieux, depuis 2016, les livres de Yan Lianke, un ancien militaire, ne sont plus diffusés dans son propre pays. Il vit de ce qu'il publie à l'étranger. Il faut ici rapporter cette anecdote : en 2018, un journaliste du *New Yorker* l'a accompagné dans son village natal. Il y est adulé, alors même que personne ne semble avoir lu ses livres ou savoir que ses ouvrages sont censurés !... Il en tire une très belle formule : « Vivre en Chine en 2018, c'est habiter une réalité qui vous amène à questionner la nature même de la réalité [1]. »

On pourrait en faire une parfaite conclusion. Mais poursuivons avec Xu Zhiyuan, cet essayiste qui cherche depuis longtemps à décrire l'alliance entre modernité et autoritarisme à l'œuvre en Chine. Il dit avoir trouvé des clefs pour la comprendre à la lecture d'un ouvrage de l'écrivain hongrois Miklos Haraszti, *La Prison de velours*, rédigé à la fin des années 1970 [2]. C'est en effet dans une « prison de velours » que vivent les intellectuels chinois aujourd'hui : ils engrangent reconnaissance sociale et bénéfices matériels.

Ainsi, l'autocensure des artistes chinois ne résulte pas uniquement d'une forme de terreur qu'exercerait

1. Jiayang Fan, « The Great Awakening », *The New Yorker*, 15 octobre 2018.

2. Il l'explique dans son texte publié en 2016 dans le numéro deux de la revue *Le Courage*. Le livre de Miklos Haraszti a été traduit en français sous le titre *L'Artiste d'État : de la censure en pays socialiste*, Paris, Fayard, 1983.

le pouvoir, selon Xu Zhiyuan : elle découle aussi des séductions de la nouvelle réalité sociale. Séductions matérielles – un certain confort – et séduction esthétique. Les sujets non politiques qu'on peut creuser ne manquent pas. À cela s'ajoute, chez lui, la crainte de devenir un « dissident » :

> Ceux que je connaissais donnaient l'impression de n'avoir à cœur que de fouiller les zones politiquement interdites, en dehors d'elles ils ne voyaient rien, n'avaient aucun sujet de discussion, c'était comme s'ils avaient pratiqué une autre forme d'autocensure.

Or, explique-t-il, le Parti n'est « plus un dinosaure issu du XXe siècle, obsolète et voué à l'extinction, mais une force motrice de l'histoire ». Encore ce complexe de Pékin, cette force d'attraction qui parvient à pétrifier même les plus critiques. L'essayiste n'insiste pas sur la terreur qu'inspire le pouvoir ; il fait toucher du doigt sa force de séduction.

Cependant, les « disparitions » régulières de personnalités (qui durent, pour la plupart, le temps d'être interrogé par les services de sécurité, soit de quelques heures à plusieurs jours) sont l'un des traits les plus frappants de cette « prison de velours ». Sans avertissement préalable, ces disparitions évoquent les vieux films de science-fiction où d'un vaisseau spatial surgit un rayon lumineux qui aspire un être humain. Mais aujourd'hui point de vaisseau spatial, il suffit d'un appareil de sécurité très efficace. Et qui peut déployer, si besoin, son action bien au-delà des frontières du pays. Qu'on songe à ces libraires et éditeurs de Hong Kong kidnappés dans l'ancienne colonie britannique et en Thaïlande en 2015. Ou à l'ancien haut responsable de la police chinoise élu à la tête de l'organisation de coopération internationale Interpol, Meng Hongwei, arrêté en septembre 2018 lors d'un passage dans son pays. D'autres avant lui ont connu le même sort : être soustrait de la vie publique, interrogé par la commission de discipline du Parti, puis, une fois officiellement expulsé de la formation communiste, être remis à la justice. C'est devant des juges, lors d'une comparution souvent télévisée pendant laquelle l'on confesse ses fautes, qu'on réapparaît en public [1].

D'autres disparus ne connaissent pas forcément l'épreuve judiciaire. Ainsi de Fan Bingbing, l'une des plus grandes stars du cinéma chinois, l'une des mieux payées aussi, habituée des tapis rouges du Festival de Cannes. Elle s'est volatilisée en juin 2018, alimentant

1. Les membres du Parti sont soumis à une « justice » interne. Le système désigné sous le terme de *shuanggui* permet de détenir une personne accusée de corruption sans aucun contrôle judiciaire. Depuis 2017, la ville de Pékin et certaines provinces ont testé une nouvelle procédure qui prévoit de restreindre la détention à quatre-vingt-dix jours.

rumeurs et supputations. Les médias évoquent des poursuites pour fraude fiscale, une arrestation au retour d'un voyage à l'étranger. Finalement, elle sort de son silence début octobre en publiant une autocritique sur son compte Weibo, l'équivalent de Twitter :

> Je vous présente mes sincères excuses à tous. En tant que personnalité publique, j'aurais dû me conformer à la loi et être un exemple pour la société et l'industrie. La perspective de bénéfices économiques n'aurait pas dû me faire perdre ma retenue et éviter des procédures administratives, ce qui m'a menée à transgresser la loi. Sans le Parti communiste et les politiques justes de l'État, sans l'amour du peuple, il n'y aurait pas de Fan Bingbing.

La dernière phrase reprend une vieille chanson communiste traditionnelle : sans Parti communiste, il n'y aurait pas de Chine nouvelle. Le Parti ne recule pas devant la célébrité et les paillettes, mais il a épargné à Fan Bingbing l'humiliation d'une confession forcée à la télévision. Cette pratique s'est généralisée depuis l'arrivée au pouvoir de Xi Jinping en 2012. Une ONG américaine de défense des droits de l'homme, Safeguard Defenders, a publié une enquête fournie en avril 2018, basée sur l'étude de quarante-cinq confessions forcées entre 2013 et 2018 de défenseurs des droits, militants, avocats, journalistes, blogueurs et

Ouïghours[1]. L'association, qui dénonce l'attitude de la télévision publique chinoise et, parfois, de certains médias de Hong Kong, relève que des étrangers, aussi, ont été obligés de se prêter à de telles pratiques.

La police leur réserve un traitement de défaveur, les obligeant à revêtir un certain type de vêtements, à apprendre par cœur un texte, voire à pleurer à certains moments pour crédibiliser cette mise en scène. Ils n'ont la plupart du temps pas la possibilité de se faire assister par un avocat. « Alors que Pékin mène une offensive agressive pour mondialiser ses médias de Parti-État, y compris en ayant recours à des réseaux sociaux interdits à l'intérieur de ses frontières, afin de "raconter la Chine", cela signifie que ces violations des droits de l'homme finissent sur des écrans un peu partout dans le monde, déguisées en "informations" », s'inquiète l'ONG. Parmi ceux qui sont apparus à l'écran figure un jeune Suédois, Peter Dahlin, militant des droits de l'homme, arrêté en janvier 2016. Quelle ne fut pas sa surprise quand il se retrouva non devant des gens du ministère de la Justice, mais devant une journaliste et un cameraman de la télévision publique CCTV – on lui avait assuré que seuls les juges visionneraient sa confession filmée.

1. « Scripted and Staged: Behind the Scenes of China's Forced TV Confessions ».

Parmi les phrases qu'il a été forcé de prononcer : « J'ai blessé les sentiments du peuple chinois. » La Chine de Xi Jinping est très susceptible, et face aux étrangers qu'elle considère comme ses ennemis elle peut avoir recours à la coercition. Le *soft power* chinois est un *sharp power*, un pouvoir tranchant qui peut faire preuve d'une grande agressivité hors de ses frontières, dans les pays visés par sa politique d'influence, cherchant par exemple à pénétrer le monde politique ou les médias [1]. Le débat fait rage en Australie et en Nouvelle-Zélande après plusieurs scandales, révélant notamment les pratiques de corruption de certains hommes d'affaires liés à la Chine. En Nouvelle-Zélande, le domicile d'une chercheuse, Anne-Marie Brady, qui s'intéresse à l'influence croissante de Pékin en politique, en économie et dans les médias, a été cambriolé en février 2018, ses ordinateurs et ses téléphones ont été emportés. Le vol a eu lieu cinq mois après la publication d'une de ses études sur le rôle d'un organisme dépendant du Comité central du Parti communiste chinois. Or cet organisme est loin d'être inconnu : il s'agit du

1. L'expression a été forgée par Christopher Walker and Jessica Ludwig de la fondation américaine National Endowment for Democracy (financée à la fois par le gouvernement américain et des fonds privés). On peut consulter leur rapport de décembre 2017, « Sharp Power: Rising Authoritarian Influence ».

Département du travail du front uni, considéré par Mao comme l'une des trois « armes magiques » du régime, à côté du Parti et de l'armée. Il est chargé des liens avec les personnalités et organisations qui n'appartiennent pas au Parti, en Chine et ailleurs.

En Australie, le gouvernement a fait passer en juin 2018 une loi pour obliger les lobbyistes travaillant pour des gouvernements étrangers à s'enregistrer. Ce qui a conduit l'ancien Premier ministre Kevin Rudd, sinisant et sinophone, à mettre en garde contre un « néomaccarthysme » et un « djihad antichinois ». Rien de moins. Mais s'il faut prendre garde à ne pas réactiver la crainte du « péril jaune », il ne faut pas non plus faire preuve de naïveté face aux revendications et à la puissance croissante de Pékin. L'Europe est aussi la cible de l'activisme de Pékin. Il commence à porter ses fruits mais en sommes-nous conscients ?

Chapitre 7

Le dragon sur l'Agora

Le matin, les touristes ne sont guère nombreux à arpenter l'Agora d'Athènes. Ils semblent préférer les hauteurs et la majesté de l'Acropole, qui domine de sa splendeur la capitale grecque. Là-haut, des groupes se pressent pour admirer une autre merveille : le Parthénon. Mais ici, dans ce pli de la colline, l'atmosphère est plus paisible, plus verte aussi, presque champêtre. Étonnamment, nous sommes en pleine ville, mais on n'entend guère les bruits mécaniques de la modernité, hormis celui du train régional dont la ligne passe à proximité. L'imagination nous entraîne dans ce qu'a pu être, il y a vingt-cinq siècles, le cœur de la cité, alliant commerce et politique, devenu pour nous Européens le berceau de la démocratie.

Certes, la démocratie des Grecs de l'Antiquité n'a que peu à voir avec l'idée que nous en avons, mais c'est pourtant de cette Agora que provient notre foi toujours présente dans la force de la confrontation des idées, dans celle de la puissance de la délibération ou de la beauté de l'art de discourir et de convaincre... En parcourant le lieu, je pense, avec émotion, que c'est de mon passage en Chine, des cinq ans que j'ai vécus là-bas entre 2005 et 2010, que date ma prise de conscience d'être européen et, donc, dépositaire d'un héritage précieux.

À Pékin, tout autour de moi, je savais que la toute-puissance du Parti-État autoritaire pouvait s'abattre à chaque instant sur n'importe quel citoyen, sans qu'il ait de recours une fois pris dans les rets de l'appareil de sécurité. J'en étais le témoin dans mon travail de correspondant, en particulier dans les coins les plus reculés du pays. En Europe, notre démocratie était évidemment perfectible, pensais-je, mais avec ses contre-pouvoirs, judiciaire, politique ou médiatique, elle nous préservait de cet arbitraire. C'est ce dont j'essayais de convaincre des expatriés occidentaux séduits par le modèle chinois, son succès économique et sa vision à long terme. La planification, surtout, les faisait rêver : les démocraties étaient soumises au court-termisme et au « présentisme », incapables de maintenir un cap. Pour moi, persuadé que le modèle libéral occidental était indestructible, il s'agissait purement et simplement de balivernes. La supériorité de notre système me semblait évidente.

Ce sentiment d'appartenir à l'Europe, qu'au début j'ai trouvé risible, moi qui ai été élevé dans une famille internationaliste, où l'Union soviétique était vue comme un modèle à suivre, je ne peux m'empêcher de penser qu'il a à voir avec cette Agora, où je me promène avec émotion en ce matin du printemps 2018. Avec cette toute première place publique et celles qui lui ont succédé au cours de l'histoire européenne, que tout éloigne de cette place Tiananmen sous contrôle.

Pourtant, aujourd'hui, le régime autoritaire chinois impose sa présence ici même, à Athènes, ainsi qu'à toute l'Europe centrale, orientale et méridionale. Au moment où certains en Occident posent désormais la question de savoir si la démocratie peut mourir[1], cette présence n'a rien d'anodin et tout d'inquiétant. En sortant de l'Agora, le chemin que j'emprunte pour me rendre à l'Acropole monte sur la colline du Pnyx, là où se réunissait l'*ecclesia*, l'assemblée des citoyens. Une affiche attire mon attention sur laquelle figure un dragon, symbole de la puissance chinoise. Elle annonce une exposition intitulée « Science et technologie anciennes de Chine ». Elle est entièrement conçue par le musée des

1. On peut lire notamment le numéro spécial de la revue *The Atlantic* en octobre 2018 et l'ouvrage de Yascha Mounk, *Le Peuple contre la démocratie*, Paris, Éditions de l'Observatoire, 2018.

Sciences et Technologies de Pékin avec le soutien du ministère chinois de la Culture. La visite est édifiante. À l'intérieur, tout est à la gloire de la civilisation asiatique. Y sont présentées, à l'attention de groupes d'élèves grecs, les grandes inventions de l'empire du Milieu. La boussole ? « Une des inventions les plus importantes de la civilisation chinoise ancienne », dont l'usage s'est répandu en Europe au XIIe siècle. L'astronomie ? Les Chinois étudiaient les comètes, les météores, les taches solaires, les constellations, le Soleil et la Lune. La sériciculture ? « La Chine a été le premier pays au monde à la pratiquer systématiquement en produisant de la soie il y a 6 000 à 7 000 ans. » Bien avant les Européens. Le papier et l'imprimerie ? Ils figurent parmi les « plus importantes inventions chinoises » qui ont été adoptées par les Européens via l'Arabie et l'Afrique. Sans compter la brouette… Une histoire nationaliste sans recul, sans égard pour les autres cultures. Une présentation sans nuance, bien dépassée dans nos contrées… mais cela correspond à l'esprit offensif qui anime aujourd'hui les Chinois.

La Chine a renforcé sa présence économique, financière, culturelle et politique en Europe du Sud depuis la crise financière de 2008. La Grèce est devenue un partenaire de premier rang en raison de ses besoins et de sa position, le port du Pirée, situé à quelques kilomètres d'Athènes, permettant aux marchandises de la deuxième économie mondiale d'être acheminées vers le nord de l'Europe en passant par les Balkans. Pékin a profité des tensions entre Athènes et ses créanciers, dont l'Union européenne, pour proposer des financements dans des secteurs vitaux comme les infrastructures de transport ou l'énergie. Le Premier ministre Alexis Tsipras, issu de la gauche radicale et élu en 2015 sur un programme d'opposition à la politique d'austérité et aux privatisations, en particulier du port du Pirée, a fini par rentrer dans le rang. Mais il explique aujourd'hui clairement et sereinement vouloir faire de son pays la porte d'entrée de la Chine en Europe. Lâché par l'Europe, il joue la carte chinoise.

En janvier 2016, le géant Cosco (China Ocean Shipping Company) a obtenu le Port du Pirée (51 % dans un premier temps, puis 16 % dans les cinq prochaines années sous certaines conditions) en échange de 368,5 millions d'euros[1]. Ce port, je peux le contempler du bureau d'Andreas Potamianos, un armateur grec, qui m'a invité à discuter cet après-midi d'avril 2018. Au terminal accostent les ferrys en provenance des îles grecques, bondés de touristes du monde entier. Au loin, on distingue les grues du port autonome contrôlé désormais par les Chinois : elles

1. Adéa Guillot, « Le Pirée, port d'entrée de la Chine en Europe », *Le Monde*, 12 août 2017.

déchargent des navires venus d'Asie les conteneurs de marchandises à destination du marché européen. La mondialisation en pleine action, dont le numéro un chinois Xi Jinping se présente maintenant comme l'un des plus farouches défenseurs.

C'est avec bienveillance que M. Potamianos qui, à plus de quatre-vingts ans, préside aux destinées de l'une des plus vieilles compagnies de croisières du pays, Epirotiki Lines, considère la présence chinoise. Il se réjouit de l'absence de grèves et des salaires payés en temps et en heure. L'organisation à l'asiatique a bénéficié au port qui peut même rêver désormais de rivaliser avec ses concurrents d'Europe du Nord pour l'accueil des marchandises produites en Chine, explique-t-il dans un français parfait. Cette perspective était impensable il y a encore quelques années. Installé dans un fauteuil en cuir, tournant le dos à la grande baie vitrée qui donne sur le port, il conclut sans hésiter : « Ils font du bon travail. »

La présence chinoise est bonne pour les affaires. Et donc pour les siennes : un de ses ancêtres a fondé l'entreprise d'abord centrée sur le transport des passagers, puis sur celui des marchandises. C'était en 1850. À l'époque, la Chine subissait les traités inégaux. Les puissances occidentales se partageaient le gâteau d'une grande nation en plein déclin. Cent soixante-huit ans plus tard, nous sommes dans son bureau au charme désuet pour discuter de l'influence chinoise en Grèce, en pleine Europe. Quel renversement !

Cette stratégie de Pékin a un nom : les nouvelles Routes de la soie. À Athènes, un autre armateur, Nicolas Vernicos, vice-président de la Chambre de commerce des Routes de la soie, me dépeint, avec humour, le projet de Xi :

> Quand il est arrivé au pouvoir, il s'est demandé comment il allait pouvoir rester dans l'histoire, il s'est dit : « Je vais devenir le Marco Polo du XXIe siècle. »

Avec ces nouvelles routes, Pékin reformule les grands termes de l'imaginaire géopolitique. C'est en réalité un géographe allemand, Ferdinand von Richthofen, qui a forgé l'expression « *Die Seidenstrasse* », en 1877, pour désigner le « réseau commercial aux tracés variables reliant l'Est à l'Ouest[1] », qui s'est mis en place dès le Ier siècle avant notre ère pour le transport de multiples marchandises, dont la soie. Mais il faut attendre les années 1960 pour que l'expression refasse surface. Dans les années 1980, un projet interculturel de l'Unesco vante ces « routes du dialogue » entre les

1. Édith et François-Bernard Huyghe, *La Route de la soie ou les Empires du mirage*, Paris, Payot, « Petite Bibliothèque », nouvelle édition 2017, p. 7.

civilisations. Face aux craintes suscitées par son ascension, la Chine a subtilement repris à son compte cette idée qui évoque le commerce, le luxe et la paix et y a glissé un projet économique et stratégique de très grande ampleur. Si vaste que certains le comparent au plan Marshall qui a permis aux Américains après la Seconde Guerre mondiale d'imposer leur puissance en Europe occidentale. D'abord dénommé OBOR (One Belt, One Road), puis BRI (Belt and Road Initiative), ce projet désigne une « ceinture », qui regroupe des réseaux terrestres, et une « route », qui rassemble des réseaux maritimes, de la Chine à Venise. Il se traduit d'abord par la construction d'infrastructures : routes, ponts, chemins de fer… Il est difficile d'entrer dans les détails, car aujourd'hui n'importe quel projet, y compris la construction d'une centrale nucléaire en Grande-Bretagne, peut être estampillé BRI par la Chine. Et la BRI va bien au-delà de l'Asie centrale et de l'Europe, s'étendant en Afrique et en Amérique latine, englobant plus de soixante-dix pays. On peut être sûr en tout cas que tout cela ne manque pas d'ambition. Quelque 65 % de la population mondiale est concernée et un tiers du produit intérieur brut de la planète[1]. « Ça change le monde, me lance l'armateur Vernicos. Mais les gens ne s'en rendent pas compte. »

1. « China's One Belt, One Road : Will it Reshape Global Trade », McKinsey Podcast, avril 2018.

Au Pirée, M. Potamianos plaide même pour un renforcement de la coopération. Ceux qui s'opposent aux « bienfaits chinois » ne font plus guère entendre leurs voix. À côté de lui a pris place un de ses amis, Theodoros Kontes, qui préside l'Union des propriétaires de bateaux de croisière. C'est à lui qu'il revient d'émettre une critique envers une prétention chinoise considérée ici comme abusive : vouloir construire des hôtels sur la zone portuaire sans que les Grecs puissent avoir leur mot à dire... « C'est lui qui dit ça. » M. Potamianos se tourne vers moi avec un large sourire : « Moi je suis supposé ne dire que des choses positives. »

Car l'armateur préside l'association Grèce-Chine. Sur sa carte de visite, il a fait imprimer en couleur les drapeaux des deux pays. En dessous de son nom, un titre, en anglais et en idéogrammes : « Ambassadeur de l'amitié de la Chine ». Aujourd'hui, nombre d'associations d'amitié entre la Grèce et la Chine ont fleuri. Mais la sienne est la plus ancienne, précise-t-il : créée en 1954, cinq ans après la victoire des communistes sur le continent chinois à l'issue d'une guerre civile, elle a d'abord vivoté. L'engagement croissant de Pékin en Grèce l'a ranimée. Elle organise de nombreuses activités culturelles, reçoit des délégation provinciales chinoises. Elle propose des cours de langue, même si c'est encore laborieux. Lors de la remise des diplômes de fin d'année, l'ambassadeur de la

République populaire de Chine vient en personne ; à chaque élève, il accorde un petit mot, mais personne ne sait répondre. Ils savent lire, sans plus. Mais pour M. Potamianos, l'âge d'or s'annonce, il évoque une « relation spéciale » qui se met en place pour les générations futures.

« Cela fait du bien à la Grèce », renchérit M. Vernicos, heureux de ces investissements qui sortent son pays de la misère, « et personne n'a encore dit que ça faisait du mal à l'Europe. » Pendant notre échange, les critiques envers l'Union européenne sont récurrentes. Bruxelles a une responsabilité dans la situation actuelle de la Grèce, tranche-t-il. Nommé vice-président de la Chambre de commerce des Routes de la soie, une structure mise en place par Pékin dans tous les pays concernés par le projet pour parvenir notamment à des normes tarifaires communes, Vernicos anime un relais d'influence non négligeable.

Mais la mainmise n'est pas seulement économique. S'implantant à Athènes, berceau de la démocratie, le régime chinois a conscience de l'opportunité qui s'offre à lui : faire valoir sa civilisation au cœur même du monde occidental, engager le dialogue d'égal à égal entre deux cultures et deux systèmes de valeur. En 2017, il lance, conjointement avec la Grèce, le Forum des civilisations anciennes, qui compte six autres membres fondateurs (la Bolivie, l'Égypte, l'Iran, l'Irak, l'Italie et le Pérou, le Mexique et l'Inde figurant au rang d'observateurs). Dans cette enceinte, les participants promeuvent une forme de relativisme culturel au nom de la notion de civilisations anciennes : ce n'est plus l'universalisme qui rassemble les protagonistes, mais la défense de visions du monde assumées comme singulières. On retrouve ici l'un des chevaux de bataille de la Chine : faire admettre que les valeurs universelles ne sont que l'expression de l'Occident. La Chine, avec ses cinq mille ans d'existence, revendique un autre modèle à offrir au monde. Pour conforter ce discours, Xi Jinping s'inspire de travaux un peu oubliés du philosophe allemand Karl Jaspers (1883-1969). Ce dernier avait inventé dans les années 1950 le concept de « période axiale » pour désigner ce moment incroyable où, entre 800 et 200 avant notre ère, des civilisations importantes avaient émergé, en Chine, en Grèce, en Inde, en Perse. Grâce à cette mise en parallèle, la Chine devient un partenaire légitime pour la Grèce et vice versa ; chacune sa culture, chacune sa philosophie politique, et foin des leçons sur les droits de l'homme. Ce que Tsipras a du reste bien compris. L'Agora se retrouve ainsi absorbée par la propagande du régime qui, obsédée par l'idée de la « renaissance », ne se prive pas de mettre en scène le dialogue entre Athènes et Pékin, les deux nombrils du monde : l'Occident et l'Asie se parlant sur un pied d'égalité.

Sous Xi Jinping, la Chine se fait plus offensive sur le front de la bataille des idées : elle revendique le droit à la parole sur la scène internationale, dans le cadre d'une bataille culturelle face à un Occident présenté comme hégémonique et hostile. C'est l'un des trois enjeux pour la Chine dans les années à venir, jugent deux intellectuels marxistes, Lu Pinyue et Wang Yongzhang[1] : ne pas laisser « l'hégémonie de la parole » à l'Occident, qui continue à vouloir imposer les valeurs universelles. Ils le justifient de manière très claire :

> Si nous acceptions ces « valeurs universelles », nous devrions nous conformer à toutes les sortes de « standards internationaux » qu'elles définissent, et par là nos comportements succomberaient à la dictature du lan-

1. Le lecteur français peut avoir un aperçu de leurs idées grâce au travail de traduction mené par l'Institut Ricci dans le cadre du projet « Le coin des penseurs ». Sur leur site est disponible leur texte publié en août 2017 dans la revue théorique du Parti communiste chinois *Hongqi* (*Drapeau rouge*), « Les trois pièges : la Chine face à de nouveaux défis historiques ». Les deux autres pièges sont celui d'une confrontation militaire avec les États-Unis : le « piège de Thucydide » ; et le « piège du revenu moyen », l'impossibilité de s'élever dans la chaîne de production avec une production à plus haute valeur ajoutée pour un pays qui a bâti sa croissance sur les exportations et les dépenses d'infrastructures.

gage des pays occidentaux, et nous perdrions la maîtrise de notre propre langage.

La mondialisation aux couleurs chinoises se fera donc sans accepter les valeurs universelles des Occidentaux. D'où la volonté à la fois d'influencer les institutions internationales mises en place à la fin de la Seconde Guerre mondiale, comme l'Organisation des Nations unies ou l'Organisation mondiale du commerce, de peser sur la définition des normes internationales pour la gouvernance mondiale de l'Internet ou l'intelligence artificielle, mais aussi de créer ses propres institutions multilatérales : l'Organisation de coopération de Shanghai, sorte de contre-OTAN, ou la Banque asiatique d'investissement pour les infrastructures. Le combat se mène un pied dedans, un pied dehors…

L'heure chinoise est arrivée, se réjouit en 2017 He Yiting, le vice-président de l'École du Parti communiste dans le quotidien *Study Times*[1]. En faisant le constat que l'Occident est en train de perdre le monopole du discours mondial qu'il avait conquis à partir des guerres de l'opium au XIXe siècle. Soit les Occidentaux faisaient des sermons, soit ils s'érigeaient en juges, dénonce ce proche de Xi Jinping.

1. David Bandurski, « China, Rhetorical Giant on the Move? », China Media Project sur le site Medium, 22 juin 2017.

La Chine aujourd'hui est non seulement le défenseur, le promoteur et le leader de la mondialisation économique du XXIe siècle, mais en fait elle remodèle le nouveau schéma de cette mondialisation en ce qui concerne la vision du monde et les valeurs – afin que le monde ait une nouvelle compréhension et acceptation de la mondialisation.

Si l'on en croit He Yiting, cette nouvelle phase est celle où la Chine impose ses concepts : ceux de « communauté de destin partagé pour l'humanité », que Xi Jinping ne cesse de mettre en avant dans ses discours, de « diversité des civilisations », de « coopération gagnant-gagnant » ou de « tolérance mutuelle »... Façons diverses d'exprimer la remise en cause de la domination occidentale. Comme le souligne l'ancien Premier ministre australien Kevin Rudd, la stratégie absolument nouvelle de la puissance asiatique est dorénavant de « contester, affirmer et, dans la mesure du possible, diriger les différents conseils du monde[1] ». Depuis son accession au pouvoir, Xi Jinping a convoqué et présidé, à deux reprises, en novembre

1. Discours à l'Université nationale de Singapour le 26 juin 2018. L'ancien Premier ministre australien, qui connaît la Chine et en parle la langue, est revenu à ses études chinoises pour comprendre la vision du monde de Xi Jinping.

2014 et en juin 2018, des « conférences de travail » d'importance sur les affaires internationales en présence de l'élite chinoise – dirigeants du Parti communiste, militaires, responsables des appareils de sécurité, *think tanks* officiels, etc. Lors de la deuxième édition, Xi Jinping aurait fait savoir, selon les rares éléments qui ont filtré dans la presse officielle, à quel point il comptait rompre avec la politique de discrétion prônée par Deng Xiaoping au sortir du maoïsme.

Les vents de l'histoire soufflent en effet en faveur de Pékin : les États-Unis, sous Donald Trump, se retirent de l'accord Trans-Pacifique, de l'accord nucléaire iranien, de celui de Paris sur le climat, de la Commission des droits de l'homme des Nations unies... La Chine montre qu'elle sait en profiter. Elle a militarisé un certain nombre d'îlots de la mer de Chine méridionale qui sont l'objet de conflits territoriaux avec ses voisins et établi des bases navales à l'étranger, comme au Sri Lanka, au Pakistan ou encore à Djibouti avec le déploiement de cinq mille hommes. L'Union soviétique avait perdu la partie face aux États-Unis dans les domaines militaire, économique, technologique, culturel... La Chine s'emploie à reprendre la main et plus encore.

Elle parle plus fort et voit plus loin. Et gagne l'admiration des régimes autoritaires, même de certains Européens : Nicolas Sarkozy, dans un discours prononcé lors d'un forum organisé à Abou Dhabi, fait l'éloge de l'homme fort Xi Jinping juste après la décision de ce dernier d'abolir la limite de deux mandats de cinq ans imposée au président chinois :

> Le président Xi considère que deux mandats de cinq ans, dix ans, c'est pas assez. Il a raison ! Le mandat du président américain, en vérité c'est pas quatre ans, c'est deux ans : un an pour apprendre le job, un an pour préparer la réélection. Donc vous comparez le président chinois qui a une vision pour son pays et qui dit : « Dix ans, c'est pas assez », au président américain qui a en vérité deux ans [1].

De plus, au moment où Donald Trump remet aussi en cause le système établi après la Seconde Guerre mondiale, jugeant que les États-Unis en sont sortis perdants, Xi Jinping se présente paradoxalement comme le principal défenseur du multilatéralisme : en 2017, il s'est affiché devant les dirigeants politiques et économiques de la planète réunis à Davos, en Suisse, comme le protecteur d'un système international libéral menacé par le protectionnisme. Selon la journaliste du *Monde* Sylvie Kauffmann, en l'entendant, un responsable européen se serait exclamé :

1. « À Abou Dhabi, Sarkozy fait l'éloge des hommes forts », *Le Monde*, 9 mars 2018.

« Mais c'est notre rhétorique à nous, ça[1] ! » Le système international devait changer la Chine, c'est de plus en plus la Chine qui le change. Les cartes sont rebattues. Depuis que ce constat saute aux yeux, Xi Jinping vante une « solution chinoise » aux problèmes du monde, soulignant ainsi les nouvelles ambitions du régime.

Face à ces ambitions de plus en plus affirmées, Washington a amorcé un virage sous Donald Trump. L'homme qui veut redonner son lustre aux États-Unis a opté, en particulier dans le domaine commercial, pour une succession de phases de confrontation puis de réconciliation : ce n'est plus la révolution permanente de Mao, mais la négociation permanente ! Le 4 octobre 2018, le vice-président Mike Pence a détaillé, dans un discours à l'institut Hudson, un *think tank* conservateur, la politique chinoise du quarante-cinquième président des États-Unis. « Je dois la vérité au peuple américain », dramatise Mike Pence, la Chine cherche par tous les moyens à exercer son influence dans notre pays « en utilisant des outils politiques, économiques et militaires, ainsi que de la propagande ». Une manière évidente de désigner Pékin comme un ennemi, même si le dirigeant américain affirme vouloir établir une coopération

1. Sylvie Kauffmann, « À Davos, Xi Jinping grand timonier du libre-échange », *Le Monde*, 18 janvier 2017.

équilibrée avec la Chine. Dans ce même discours, il reconnaît aussi que les États-Unis ont cru à un changement politique après la chute du mur de Berlin :

> Nous étions persuadés qu'une Chine libre était inévitable. Pleins d'optimisme, au tournant du XXIe siècle, les États-Unis ont accepté de donner à Pékin un accès ouvert à notre économie et d'intégrer la Chine à l'Organisation mondiale du commerce.

Aujourd'hui, il est grand temps, martèle-t-il, d'en finir avec ces illusions. Le succès chinois s'est fait aux dépens des États-Unis. Les mots choisis, « agression économique », « expansion militaire », mise en place d'un « système orwellien » pour contrôler la population, nous rappellent des discours de la guerre froide. Donald Trump, qui s'est engagé à accroître les dépenses militaires, s'est trouvé un nouvel adversaire communiste, une fois encore. Une guerre froide version cyber et tech… D'ailleurs, Mike Pence soupçonne aussi les Chinois de vouloir s'immiscer dans les affaires politiques américaines, un peu comme les Russes, d'autant qu'ils souhaitent, jurent-ils, « un président américain différent ». Là encore, quel retournement de situation ! Il y a trente ans, juste après la répression de Tiananmen, c'est Deng Xiaoping qui accusait les États-Unis d'ingérence.

Ce discours de Mike Pence marque la fin d'un cycle entamé il y a plus de cinquante ans. C'est en effet en octobre 1967 que Richard Nixon, dans un article publié par la revue de politique étrangère *Foreign Affairs* (« Asia After Viet Nam »), avait posé les bases d'une nouvelle politique envers la Chine, jugeant qu'il n'était pas possible de laisser cette puissance asiatique « en dehors de la famille des nations ». Il estimait que l'exemple de l'Union soviétique montrait qu'il avait été possible de l'amener à des changements en tissant des liens avec elle. Il fallait appliquer les mêmes recettes avec Pékin. Un an avant son élection à la présidence des États-Unis, il mettait noir sur blanc les principes qui allaient guider sa politique : en 1972, son voyage surprise à Pékin et sa rencontre avec Mao ouvraient une nouvelle période de « *containment without isolation* » (endiguement sans isolement), qui a abouti, sept ans plus tard, à l'établissement de liens diplomatiques entre les deux grandes puissances. Aujourd'hui, Donald Trump embarque les États-Unis dans une autre aventure, sans qu'on arrive à déterminer avec précision ses objectifs, au-delà d'un endiguement pur et simple.

L'Union européenne se pose aussi des questions, consciente que sa diplomatie vis-à-vis de la Chine doit changer. Mais elle se présente divisée, car Pékin a réussi à forger, à force de subsides, une alliance avec les anciens pays de l'orbite communiste : depuis 2012, dans le cadre de ce qui a été baptisé « 16 + 1 », elle organise un forum avec seize pays d'Europe centrale et orientale. Certains sont membres de l'Union européenne (Bulgarie, Croatie, République tchèque, Estonie, Hongrie, Lettonie, Lituanie, Pologne, Roumanie, Slovaquie et Slovénie), d'autres non (Albanie, Bosnie-Herzégovine, Macédoine, Monténégro et Serbie). Si la Chine assure qu'il s'agit d'une plateforme informelle, sans aucune volonté d'enfoncer un coin dans l'unité européenne, la réalité est tout autre. Par l'entremise de ces pays acquis à la cause chinoise, qui peuvent être rejoints par la Grèce, Pékin réussit à bloquer des communiqués de l'UE sur des sujets sensibles. Il a par exemple fait échouer en juin 2017 l'unanimité de mise depuis dix ans sur une déclaration commune condamnant les abus du régime en matière de droits de l'homme. La semaine précédente, une délégation d'officiels chinois se trouvait justement à Athènes et saluait l'action du Premier ministre Alexis Tsipras. Des analystes mettent aujourd'hui le doigt sur cette emprise de la Chine en Europe, Pékin bénéficiant de plus des bienfaits d'économies ouvertes tout en refusant les mêmes avantages à ses partenaires étrangers[1]. Même des politiques

1. Lire à cet égard le livre de François Godement et Abigaël Vasselier, *La Chine à nos portes*, Paris, Odile Jacob, 2018. Il est

sont sortis du silence. En février 2018, lors de la conférence sur la sécurité de Munich, le ministre des Affaires étrangères allemand, Sigmar Gabriel, a tenu un discours extrêmement ferme envers les ambitions chinoises, mettant en garde ses partenaires européens contre la tentative de déstabilisation de l'ordre mondial né de 1945. L'initiative des Routes de la soie n'est pas un clin d'œil nostalgique à Marco Polo, soulignait-il, mais la volonté de façonner le monde à la mode chinoise: « Cela fait longtemps que ce n'est plus une question économique car la Chine développe une alternative systémique globale au modèle occidental. » Il ajoutait que dans six cents ans les historiens verraient peut-être notre siècle comme ce moment d'abdication de l'Europe devant la puissance asiatique. Mais Sigmar Gabriel est bien le seul à envisager cette influence dans toutes ses dimensions. Depuis qu'il a quitté le ministère en mars 2018, il a d'ailleurs évité de reprendre la parole sur le sujet.

---

basé sur une enquête détaillée réalisée pour le compte de l'European Council on Foreign Relations. Dans la même veine, un rapport publié en février 2018 par deux *think tanks*, GPPI et Merics, « Authoritarian Advance: Responding to China's Growing Political Influence in Europe », s'inquiète des dangers posés par l'avancée chinoise pour la démocratie libérale et les valeurs et intérêts européens.

Pour trouver une réponse à la mesure du défi posé par la Chine, les Européens devront commencer par faire le deuil de Tiananmen. Non pas qu'il faille oublier ce qui s'est passé en 1989 à Pékin, mais il est nécessaire de ne plus raisonner comme nous le faisons depuis : la Chine ne s'ouvrira pas progressivement à la démocratie grâce à la magie du marché et du multilatéralisme. Si Tiananmen est le signe de quelque chose, ce n'est pas du dépérissement prochain de l'État chinois, mais de l'alliance victorieuse entre le néo-autoritarisme et le capitalisme.

Faire le deuil de Tiananmen, c'est regarder les choses en face : la Chine est en mesure de contester le modèle qui est le nôtre, non seulement en Asie, en Afrique, où elle s'implante de manière extrêmement volontariste, mais aussi en Europe où elle profite de notre manque de solidarité et de nos divisions.

Le combat ne se déroule plus aujourd'hui là-bas, sur cette place si emblématique pour nous, mais sur nos propres terres. Il y a quelques mois Jean-François Billeter signait un court texte d'intervention intitulé *Demain l'Europe*[1]. Qu'un sinologue de si grande

1. Dans ce texte publié en janvier 2019 par les éditions Allia, Jean-François Billeter plaide pour une République européenne, s'inspirant des idées de la politologue allemande Ulrike Guérot, qui a fondé à Berlin un institut de recherche, le European Democracy Lab.

réputation, d'origine suisse, fasse ce geste intellectuel de se retourner vers l'Ouest, vers le berceau de sa civilisation, pour la questionner sur ce qu'il reste de ses ambitions, est loin d'être anecdotique. Aujourd'hui, ceux qui connaissent la nature du régime chinois et sont capables de mesurer l'offensive qu'il mène sur les valeurs occidentales sont inquiets. Nous devrions l'être tous. Mais ce qui me semble essentiel, c'est de comprendre qu'aujourd'hui nous sommes une proie facile. La Chine en nous attaquant sur notre socle commun devrait nous ouvrir les yeux : il faut sortir du déni, regarder nos failles et reconstruire un avenir. À nous de nous réarmer idéologiquement. À quoi ressemblera l'Europe demain ? Ne soyons ni craintifs, ni naïfs. Mais ne laissons pas la réponse aux autres.

Chronologie

1919 : le 4 mai, au nom de la science et de la démocratie, des milliers d'étudiants défilent place Tiananmen pour dénoncer le traité de Versailles qui a donné au Japon des territoires situés en Chine jusqu'à présent contrôlés par l'Allemagne.

1921 : le Parti communiste chinois (PCC) est fondé à Shanghai.

1924 : le dernier empereur des Qing, Pu Yi, qui avait abdiqué en 1912 lors de la proclamation de la République de Chine, est expulsé de la Cité interdite en raison d'un coup d'État militaire.

1925 : la Cité interdite est transformée en musée.

1949 : le 1er octobre, Mao Zedong proclame la République populaire de Chine depuis le balcon surplombant la Porte de la Paix céleste (Tiananmen), entrée sud de la Cité interdite.

1966 : grands rassemblements lançant la Révolution culturelle.

1976 : avant le 5 avril, jour de la fête des morts, des Pékinois se rassemblent sur la place Tiananmen pour rendre hommage au Premier ministre Zhou Enlai, mort en janvier. Le jour même, les manifestants sont violemment réprimés.

1986-1987 : des manifestations étudiantes ont lieu dans différentes villes de province, puis à Pékin. Le 1er janvier 1987, les étudiants bravent les interdictions des autorités pour se retrouver place Tiananmen. Le secrétaire général du PCC Hu Yaobang est destitué.

1989 : la mort le 15 avril de Hu Yaobang déclenche des manifestations étudiantes. Elles débouchent sur une occupation de la place Tiananmen. Deng Xiaoping décide d'avoir recours à l'armée. Après une première tentative repoussée par les habitants, les militaires interviennent dans la nuit du 3 au 4 juin.

1997 : mort de Deng Xiaoping.

2001 : la Chine intègre l'Organisation mondiale du commerce (OMC).

Table

Première partie
L'ouverture dans les tenailles du pouvoir

Deuxième partie

Les rêves pieux de l'Occident

RÉALISATION : IGS-CP À L'ISLE-D'ESPAGNAC
ACHEVÉ D'IMPRIMER SUR ROTO-PAGE
PAR L'IMPRIMERIE FLOCH À MAYENNE
DÉPÔT LÉGAL : MARS 2019. N° 139867 (93980)
IMPRIMÉ EN FRANCE